fika

FIKA

: The Art of the Swedish Coffee Break with Recipes for Pastries, Breads, and Other Treats
by Anna Brones & Johanna Kindvall

Text copyright © 2015 by Anna Brones
Illustrations copyright © 2015 by Johanna Kindvall
Korean translation copyright © 2016 Hugo
All rights reserved.

Korean translation edition is published by arrangement with Ten Speed Press, an imprint of the Crown Publishing Group, a division of Penguin Random House LLC through KCC(Korea Copyright Center Inc.), Seoul.

이 책의 한국어판 저작권은 KCC를 통한 저작권자와의 독점 계약으로 위고에 있습니다.
저작권법에 의해 한국 내에서 보호를 받는 저작물이므로 무단 전재 및 복제를 금합니다.

스웨덴식 킨포크 테이블
좋은 음식이 주는
단순함의 즐거움, 피카

애너 브론스 & 요한나 킨드발 | 안소영 옮김

위고

들어가며

우리 피카 할까요?

스웨덴에서 커피를 가리키는 말은 '카페kaffe'입니다. '카페'의 두 음절이 뒤집혀 '페카faka'라는 단어가 생겨났고, 이것이 점차 변형되어 오늘날의 '피카fika'가 되었습니다. 커피에 무언가를 곁들여 먹는다면 그것이 바로 피카가 됩니다. 피카는 스웨덴에서 아침을 먹는 것만큼이나 평범한 일과 중 하나죠. 누구나 적어도 하루에 한 번은 피카를 합니다. 여행 계획을 짤 때, 업무 일정을 조정할 때, 심지어 집에서 여유로운 주말을 보낼 때에도 피카는 빠지지 않습니다. 스웨덴에서 피카가 없는 삶은 상상할 수조차 없습니다. 커피 또는 차 한잔에 맛있는 빵과 과자를 곁들여 휴식을 즐깁니다. 혼자여도 좋고 친구들과 함께해도 좋습니다. 집에서, 공원에서, 직장에서 동료들과 피카를 하기도 합니다. 중요한 것은 한숨 돌릴 시간의 여유를 내는 것, 그것이 바로 피카의 정신입니다.

피카를 즐기는 풍습이 언제 어떻게 시작되었는지는 확실하지 않습니다. 1913년의 어떤 기록에서 이 단어가 처음으로 사용된 흔적이 발견되었을 뿐이죠. 분명한 것은 피카는 스웨덴 사람들의 사교 관행과 오랫동안 이어져온 먹거리 풍습 등 문화 전체를 대표하는 말이며, 커피에 대한 애정과 전통을 고수하려는 스웨덴 사람들의 신념을 상징하는 말이라는 점입니다.

스웨덴에서 피카를 제대로 한다는 것은 누구나 아는 전통 음식 또는 스웨덴의 국민 요리책 『일곱 가지 쿠키』나 집안 대대로 전해 내려오는 레시피에 따라 음식을 만들어 먹는다는 뜻입니다. 이런 전통적인 빵과 케이크, 과자는 피카와 거의 동의어로 여겨집니다. 그래서 커피를 마신다고 하면 저절로 시나몬 번이나 사과가 듬뿍 들어간 프리스카카, 오픈 샌드위치를 한입 크게 베어 물고 싶은 충동이 입니다. 스웨덴 사람들에게 이런 음식은 아주 기본적인 것들이라서 레시피를 찾아보지 않아도 재료만 준비된다면 언제 어디서나 쉽게 만들 수 있습니다.

음식은 지난 시간을 떠올리고 추억에 잠기게 합니다. 무언가를 먹을 때 그 음식과 연결된 특별한 정서가 가슴속에서 깨어나기 때문이죠. 우리는 축하할 일이 있을 때도 음식을 먹고 애도의 자리에서도 음식을 먹습니다. 마음속에 일어나는 여러 감정들을 그때 함께 먹었던 음식과 따로 떼어놓고 생각한다는 것은 가능하지 않습니다. 피카도 마찬가지입니다. 피카에는 사적이고 감정적인 고리들이 존재합니다. 커피 한잔과 초콜릿이 진하게 들어간 클라드카카 한 조각은 마음을 따뜻하게 해줍니다. 카페에서 사 먹든 집에서 직접 구워 먹든 스웨덴 사람이라면 누구나 이 책에 소개된 음식 각각에 깃든 자신의 고유한 경험과 그때의 분위기를 떠올리게 될 겁니다. 친숙한 음식을 먹을 때 친밀감과 안정감을 느끼는 것은 자연스러운 일이니까요.

클라드카카는 대학 시절 친구들과 밤을 샐 때나 친구가 놀러 와서 최근의 연애담을 들려주거나 헤어진 연인 때문에 슬퍼할 때 함께 먹곤 하는 케이크입니다. 크림빵 셈라는 어둠침침하고 쌀쌀한 거리를 거닐다 문득 아늑한 카페에서 흘러나오는 따뜻한 불빛이 반갑게 느껴지는 늦겨울과 초봄의 분위기를 연상시키고, 초콜릿 쿠키인 비스크비에르를 먹으면 흥겹고 설레는 축하 파티가 떠오릅니다. 스웨덴 사람들에게 피카가 특별한 것은 모든 희노애락의 순간과 차고 이우는 계절마다 피카가 스며들어 있기 때문일 겁니다.

    피카는 오랜 친구와 못 다한 얘기를 나누기 위한 좋은 기회가 되기도 하고, 크리스마스 파티를 열 만한 근사한 이유이기도 합니다. 어떤 분위기를 만들고 싶은가에 따라 피카로 무엇을 먹을지가 결정되죠. 생일 파티에 어울리는 음식도 있고 오후에 혼자 커피를 마시며 여유를 즐길 때 제격인 음식도 있습니다. 커피 대신 차나 과일 코디얼 한 주전자라도 상관없습니다. 중요한 것은 피카가 단순히 나른한 피로가 몰려오는 오후에 기운을 차리기 위해 벌이는 이벤트만은 아니라는 사실이죠. 피카는 소중한 삶의 순간순간을 천천히, 되도록 느리게 음미하기 위한 의식에 가깝습니다. 따라서 단순히 어떤 케이크를 구워 커피와 차려내는 것만으로는 피카가 되지 않습니다. 바쁘게 돌아가는 하루에서 휴식을 위한 잠시의 여유를 찾고, 반복되는 지루한 일상 속에서 색다른 순간을 만드는 것이 진정한 피카입니다.

    피카는 피카 외의 것들은 모두 다음으로 미뤄지는 신비로운 시간입니다. 이 책이 품고 있는 것은 여러분에게 바로 그런 시간을 선사하고 싶다는 바람입니다.

진정한 수작업 레시피,
정제되지 않은 재료를 사용해 손으로 섞고 반죽한다

스웨덴 집안에서 태어난 요한나와 나는 어릴 적부터 피카를 직접 보고 느끼면서 자랐습니다. 보통의 스웨덴 집안과 마찬가지로 우리 두 사람의 엄마 역시 피카를 하러 집에 찾아온 친구들을 위해 요리를 준비했고, 부엌의 오븐에다 언제나 오후 피카에 먹을 케이크나 샌드위치용 빵을 굽고 있었죠. 그래서 우리는 자연스럽게 케이크나 빵, 과자를 많이 만들면서 자랐고, 오랜 세월 동안 스웨덴 전통 음식들을 만들면서 나름대로의 요리법을 개발하기도 했습니다. 그렇게 쌓아온 우리만의 경험을 이 책에 담았습니다.

    스웨덴은 유럽의 북쪽 끝에 위치해 있다 보니, 버터와 감자, 우유는 언제나 풍부했을지 몰라도 최근에 들어서야 이국적인 남쪽의 식재료가 유입되었습니다. 요즘에는 대형 마켓에서 계절에 구애받지 않고 생산, 판매되는 다양한 식재료를 선택할 수 있죠. 토마토는 1년 내내 나오고, 정제된 음식 또한 전에 없이 흔합니다. 그러나 여전히 스웨덴에는 질 좋고 건강한 제철 재료의 진가를 인정하는 전통이 뿌리 깊습니다. 꼭 최고로 비싼 식재료를 구입해서 사용해야 한다는 뜻은 아닙니다. 스웨덴에는 단순함을 존중하는 문화적인 특성이 뚜렷합니다. 결국 이 나라는 시커멓고 무겁고 단단한 빵에 버터를 두껍게 발라 먹는 사람들이 사는 곳이니까 말입니다. 북유럽인들 중에서도 특히 스웨덴 사람들은 통곡물과 정제하지 않은 식재료로 요리하기를 좋아합니다. 그것은 건강하고 단순한 먹거리의 가치를 알고 즐기기 때문입니다. 어떤 스웨덴 가정의 주방에서도 제과 믹스 같은 인스턴트 상품을 찾아보기는 무척 어려울 것이라는 뜻이죠. 그런 의미에서 이 책에는 뭐든 직접 만들어 먹고 싶다는 희망이 깊이 깔려 있습니다. 물론 바쁜 요즘 사람들은 슈퍼마켓에서 판매하는 빵과 케이크를 구입해서 피카로 내놓기도 하지만 역시 최고는 집에서 만든 음식입니다.

집에서 손수 만들어 먹는 것. 사실 이것이 이 책에 소개된 모든 레시피의 핵심이자 본질입니다. 물론 베이킹 경험이 없는 사람들도 쉽게 따라할 수 있도록 현대식으로 수정했으니 걱정할 것은 없습니다. 기본적인 도구를 사용해서 조금만 만들면 되니 특별한 주방 기기를 고집할 필요도 없고요. 그렇다 해도 속성으로 만들어서 빠르게 끝내는 것을 목표로 하지는 않았습니다. 어떤 레시피는 10분 만에 준비가 가능할 정도로 간단하지만, 하루 정도의 숙성이 필요한 반죽을 만들어야 하는 레시피도 있습니다. 다만 독자들이 유기농 설탕과 진짜 버터, 친환경적으로 생산된 달걀과 같은 재료들을 사용해보았으면 합니다. 왜냐하면 보통 품질의 재료만으로는 시판되는 빵이나 케이크 이상을 기대할 수 없기 때문입니다. 이 책에 소개한 레시피가 특별하다면, 그것은 제대로 된 재료를 사용해서 만드는 것을 전제하기 때문에 그렇습니다. 간편하게 분말을 구입하는 대신 절구에 카다멈을 넣고 빻는 것이 우스꽝스러워 보일 수 있고, 손으로 하염없이 반죽을 치대는 것이 조금은 귀찮게 느껴질 수도 있습니다. 하지만 그런 과정이 이 레시피를 진정한 '수작업'으로 만듭니다. 피카가 느긋한 휴식과 한숨 돌리는 순간을 상기시키는 만큼 이 책은 단순하되 기본을 지킬 것을 당부합니다. 이 책의 레시피를 활용하기 위해서 전문가가 될 필요는 없습니다. 다만 좋은 재료로 만든 음식이 주는 단순함에서 즐거움을 찾으려는 태도는 반드시 필요합니다. '정제되지 않은 재료를 사용해 손으로 섞고 반죽한다', 이것이 바로 우리가 사랑하는 디테일입니다.

피카를 위한 식재료

대부분의 피카 레시피는 베이킹의 기본 재료인 밀가루, 설탕, 버터, 달걀의 조합입니다. 향신료가 첨가되기도 하고 재료의 비율도 조금씩 다르지만 기본적인 스웨덴 베이킹 레시피는 대체로 위의 네 가지 재료를 활용합니다. 재료가 단순하다는 점은 이 책의 레시피를 활용해보고자 하는 독자들에게는 최고의 장점이 아닐까 합니다. 우리는 전통적인 레시피에 새로운 아이디어를 접목하는 데 힘을 쏟았고 최대한 쉽게 따라 할 수 있도록 했습니다. 피카 식재료 중에는 전문 식료품점이 아니면 구하기 어려운 것들이 몇 가지 있습니다. 전문 식료품점이나 인터넷 쇼핑몰을 알아두면 좋지만 대체 재료를 찾아보는 방법도 있습니다. 따라서 어떤 레시피에서는 대체할 수 있는 재료를 제안하거나 여러 선택지 중에서 고를 수 있도록 신경을 썼습니다. 재료를 변형해보는 과정에서 레시피를 바꿔볼 수도 있을 것이고, 그러다 보면 결국에는 자신만의 독창적인 피카를 만들 수 있게 될 테니까요. 자, 그러기 위해 먼저 기본적인 재료를 찬찬히 살펴봅시다. 무엇보다 유기농 재료를 고집하고 있다는 점에 주목해주었으면 좋겠습니다.

밀가루 다목적용 밀가루를 사용합니다. 북유럽의 빵들은 흔히 호밀가루를 사용하므로 몇몇 레시피에서는 호밀가루를 사용하기도 합니다. 가능한 가장 좋은 품질의 밀가루를 쓰기를 권합니다.

설탕 유기농 사탕수수 설탕을 사용합니다. 유기농 설탕은 누르스름한 색을 띠는 일반적인 것부터 갈색, 진갈색 등 종류가 다양합니다. (한국에서 일반적으로 시중에 판매되는 종류는 누르스름한 색을 띠는 유기농 비정제 설탕이므로 이것을 사용하기를 권합니다-옮긴이). 터비나도 설탕이라는 유기농 설탕도 있습니다. 이 설탕은 구운 과자나 빵 위에 토핑으로 뿌려 먹으면 좋습니다.

버터 스웨덴의 대표 식품인 버터는 이 책의 모든 레시피의 핵심 재료입니다. 무염 버터를 기준으로 했으므로 경우에 따라 소금을 첨가하기도 합니다. 물론 가염 버터를 사용해도 좋습니다. 그럴 경우 레시피에 적힌 소금의 양보다 적게 쓰는 것을 잊지 마세요.

달걀 달걀을 깨뜨릴 때 노른자가 알에서 빠져나와 볼 안으로 쏙 떨어지는 모습을 보는 건 정말이지 기분 좋은 일이죠. 특히 달걀흰자로는 머랭을 만들 수 있습니다. 머랭이란 달걀흰자에 설탕을 섞어 거품을 낸 디저트의 일종입니다. 머랭을 만들 때는 달걀 거품이 잘 일도록 실온 상태의 달걀을 사용하는 것이 중요합니다. 그래서 머랭이 필요한 레시피에서는 달걀의 상태를 실온이라고 밝혔습니다. 달걀은 되도록 가까운 지역에서 생산되었거나 친환경적으로 키운 것을 사용합니다. 냉장 상태의 달걀은 반드시 3~4시간 전에 꺼내둡니다.

향신료 피카를 위한 식재료에서 향신료는 빠질 수 없습니다. 스웨덴의 빵과 케이크, 과자는 독특한 향신료가 많이 들어가는 것이 특색인데 그중에서도 카다멈과 계피를 즐겨 넣습니다. 특히 카다멈은 아무리 많

카다멈

아도 질리지 않는다는 것이 스웨덴 사람들의 일반적 생각이죠. 레시피에 나오는 다른 향신료로는 캐러웨이, 아니스, 생강 등이 있습니다. 향신료는 신선할수록 향이 좋으므로 분말 형태로 갈아둔 것보다는 통으로 구입해 두고 필요할 때마다 빻거나 갈아서 사용하는 것을 권합니다. 카다멈의 경우 씨앗 형태로 팔기도 하지만 꼬투리째 팔기도 하는데, 꼬투리째 샀다면 안에 든 씨앗을 빼내어 사용하면 됩니다. 분말 향신료를 써야 할 경우에는 사용량을 약간 줄입니다.

견과류 아몬드와 헤이즐넛은 스웨덴 사람들이 즐겨 사용하는 대표적 견과입니다. 몇몇 레시피에서는 이 두 견과가 주재료로 사용되며, 다른 레시피에서도 조금씩 활용됩니다. 이 책의 레시피에서 자주 사용되는 생 아몬드, 생 헤이즐넛은 껍질을 벗기지 않은 상태를 의미합니다. 생 견과류를 대용량으로 구입해 유리 용기에 보관하면 향이 오래가죠. 당장 사용할 것이 아니라면 냉장 보관할 것을 권합니다.

말린 과일 스웨덴은 1년의 대부분이 춥기 때문에 신선한 과일은 한정적으로 생산됩니다. 그렇기에 1년 내내 여름을 느끼게 해주는 말린 과일이 스웨덴의 주요 식품이 되었습니다. 건무화과, 건자두, 건포도는 전형적인 스웨덴 식재료로 이 책의 여러 레시피에서 사용됩니다.

초콜릿 무가당 코코아가루와 다크 초콜릿은 스웨덴의 베이킹에서 가장 중요한 재료입니다. 다른 재료와 마찬가지로 좋은 제품을 골라서 씁니다. 무엇보다 떨어지지 않게 넉넉히 구해두는 것이 좋습니다. 초콜릿 케이크와 쿠키가 너무 많다고 불평할 사람은 없을 테니까요.

펄 슈거 흔히 우박 설탕이라고도 하는 큼지막한 흰 설탕으로 고온에서도 잘 녹지 않습니다. 시나몬 카다멈 번(32쪽), 초콜릿 쿠키 슬라이스(48쪽), 핀란드식 막대 쿠키(50쪽)를 장식하는 데 자주 사용됩니다. 펄 슈거를 대체할 만한 재료는 사실상 없지만 아쉬운 대로 터비나도 설탕을 쓸 수 있습니다.

바닐라 설탕 베이킹 파우더와 비슷한 모양의 바닐라 설탕은 스웨덴에서 즐겨 사용하는 재료입니다. 이 책에서는 바닐라 설탕을 따로 구입해야 하는 번거로움을 덜기 위해 클래식 바닐라 소스(93쪽) 레시피처럼 바닐라 추출액이나 바닐라 빈을 사용하는 방법을 제시했습니다. 하지만 바닐라 설탕이 중요한 재료라는 사실은 알아두었으면 합니다.

마지팬(아몬드 페이스트) 흔히 마지팬이라고도 불리는 아몬드 페이스트는 피카 베이킹에 반드시 필요한 재료입니다. 스웨덴의 식료품점에서 기다란 쿠키 반죽 모양의 플라스틱 튜브 안에 든 마지팬을 쉽게 구할 수 있습니다. 하지만 만드는 법이 아주 간단하기 때문에 이 책의 모든 레시피에서는 홈메이드 마지팬을 기본으로 했습니다.

아몬드 페이스트

시럽 골든 시럽과 다크 시럽을 주로 사용합니다. 사탕무를 정제해서 만든 골든 시럽은 옥수수 시럽과 비슷하고, 다크 시럽은 연한 당밀과 유사합니다. 두 종류 모두 스웨덴이 아닌 곳에서는 구입하기 어렵기 때문에 우리 책에서는 사용하지 않도록 레시피를 조정했습니다. 피카 베이킹에서 꼭 필요한 재료라는 것만 알아둡시다.

피카 베이킹에 사용되는 도구

베이킹은 오랜 기간 스웨덴 문화의 일부였습니다. 그것은 곧 피카 레시피를 위해 반드시 최신 주방 기구를 갖출 필요는 없다는 의미이기도 합니다. 계량 컵, 믹싱 볼, 나무 주걱, 거품기, 그 외 기본적인 몇 가지 도구만으로도 충분히 베이킹이 가능하죠. 다만 견과류를 갈 때는 푸드프로세서, 달걀흰자의 거품을 올릴 때는 전기 믹서 사용을 권하고 싶습니다. 이 정도를 제외하면 대부분의 반죽을 손으로 완성할 수 있습니다. 이를 위해 유용한 도구 몇 가지를 소개합니다.

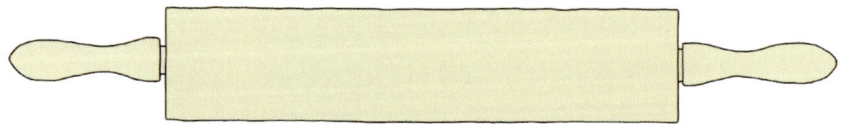

밀대 밀대는 생강 쿠키(124쪽) 같은 쿠키 반죽을 납작하게 밀 때 필요합니다. 밀대가 없다면 빈 와인 병을 이용해도 좋아요. 이상적인 대체 도구는 아니지만 결과는 그럴듯할 것입니다.

빵 칼 빵 중에서도 특히 북유럽 사람들이 주식으로 먹는 무거운 빵을 자를 때 사용하면 아주 유용합니다. 또 오븐에서 꺼내어 바로 썰어야 하는 여러 슬라이스 쿠키를 만들 때도 편리하죠.

페이스트리 브러시 달걀을 풀어 반죽에 바를 때 반드시 필요합니다. 새로 구입해야 한다면 위생적인 실리콘 브러시를 추천합니다. 저렴한 페인트용 붓도 깨끗하기만 하다면 임시방편으로 사용할 수 있죠.

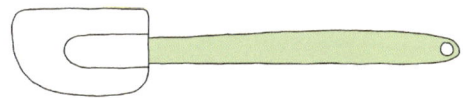

스패튤러 볼에 묻은 재료를 깨끗하게 모으거나 남은 반죽을 훑어낼 때 스패튤러가 있으면 훨씬 편리합니다. 실리콘으로 된 것은 끓는 재료를 젓는 데도 사용할 수 있어서 좋습니다.

페이스트리 커터 얇고 날카로운 바퀴에 손잡이가 달린 형태로 피자 커터와 모양이 비슷합니다. 페이스트리 반죽을 자를 때 사용합니다.

페이스트리 블렌더 곡선 형태의 스테인리스 스틸 칼날이 달려 있는 페이

스트리 블렌더는 수작업으로 버터와 설탕을 섞어 크림 상태로 만들 때 사용하면 편리합니다.

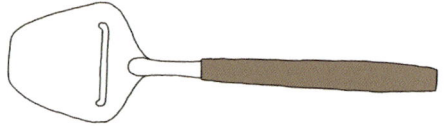

치즈 슬라이서 치즈를 자를 때 과도를 사용하기도 하지만 스웨덴에서는 반드시 치즈 슬라이서를 사용합니다. 베이킹에서 꼭 필요한 것은 아니지만 갓 구운 빵에 스웨덴식으로 치즈 한 장을 올리고 그 위에 잼을 발라 먹어보고 싶다면 꽤 요긴한 도구가 됩니다.

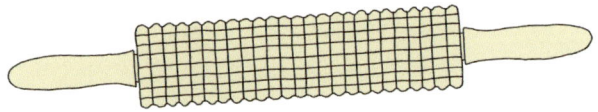

크루스카벨 우둘투둘한 밀대처럼 생긴 스웨덴의 전통 베이킹 도구로 외국에서는 구하기 힘들죠. 크리습브레드 크래커(152쪽)와 스웨덴식 플랫브레드(140쪽)를 만들 때 씁니다. 크루스카벨 대신 포크로 비슷한 무늬를 낼 수 있습니다.

도우 스크레이퍼 두 가지 종류가 있습니다. 날카로운 스테인리스 스틸로 된 것은 끈적끈적한 반죽 작업을 끝내고 작업대에 들러붙은 반죽을 떼어낼 때 좋습니다. 플라스틱 스크레이퍼는 부드럽고 가장자리

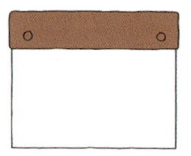 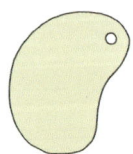

가 둥글게 처리되어 있어 반죽을 섞거나 볼에 달라붙은 조각을 떼어낼 때 유용합니다

절구와 절굿공이 향신료를 으깰 때 요긴합니다. 절구와 절굿공이를 사용하면 입자가 약간 씹힐 정도로 굵게 으깨져서 케이크나 과자의 향이 좋아집니다. 절구가 없다면 향신료 그라인더나 커피 그라인더로도 가능합니다.

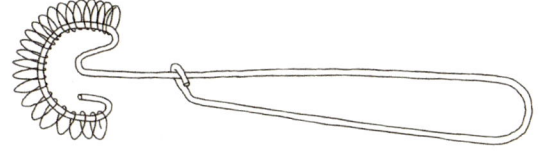

거품기 달걀을 풀 때 포크를 사용했나요? 이제 거품기를 써봅시다. 하지만 달걀흰자로 거품을 만들 때는 전기 믹서를 쓰는 것이 좋습니다. 더 단단한 거품이 만들어지기 때문이죠. 믹서가 없다면 급한 대로 거품기를 사용하면 됩니다. 팔이 무척 아프겠지만요.

너트 그라인더 피카 레시피 중에는 아몬드를 분쇄해서 사용하는 경우가 아주 많습니다. 그래서 스웨덴 사람들은 너트 그라인더를 아몬드 분쇄기라는 뜻의 '만델크바른mandelkvarn'이라고 부르죠. 너트 그라인더는 스웨덴 주방에서는 흔한 도구이지만 외국에서는 매우 드뭅니다. 푸드프로세

서로 대신할 수 있는데, 질감과 폭신한 정도가 너트 그라인더로 갈았을 때와 똑같지는 않습니다.

실리콘 베이킹 매트 이 책에 나오는 대부분의 크리스프 쿠키는 팬 위에 유산지나 실리콘 베이킹 매트를 깔고 굽습니다. 실리콘 베이킹 매트를 사용하면 유산지가 필요 없어 쓰레기를 줄일 수 있고, 팬에 버터를 바를 필요도 없죠. 한번 사용해보면 베이킹에 꼭 필요한 도구로 느껴질 것입니다.

피카 베이킹의 기본적인 작업 방식

우리 책의 모든 레시피에는 몇 가지 핵심적인 작업 방식이 있습니다. 여기에 자세히 밝힌 세부사항을 미리 훑어보면 앞으로 어떤 과정을 거치게 될지 쉽게 이해될 테고 나중에 다시 참고할 수도 있을 겁니다.

계량 재료의 양은 부피와 무게를 모두 제시했으니 편한 대로 참고하면 됩니다.

향신료 으깨기 향신료는 통째로 혹은 으깨서 사용했습니다. 아니스나 카다멈 같은 향신료를 으깰 때는 절구와 절굿공이가 편하죠. 만약 향신료 그라인더나 커피 그라인더를 사용한다면 입자를 굵고 거칠게 가는 것이 핵심입니다. 절구와 절굿공이, 커피 그라인더도 없다면

향신료를 지퍼락 봉투에 담아 면보나 수건으로 감싼 다음 바닥에 놓고 망치로 내리쳐서 부수는 것도 방법입니다. 미리 갈아놓은 분말 형태의 향신료를 구입했을 경우에는 양을 살짝 줄여야 한다는 것을 기억해둡시다. 처음에는 양을 적게 넣고 중간에 반죽의 맛을 보면서 조정합니다.

견과류 갈기 아몬드나 헤이즐넛 같은 견과류를 갈아서 밀가루 대용으로 사용합니다. 전통적인 방식으로 견과류를 갈고자 한다면 너트 그라인더가 필요하지만 보통 푸드프로세서를 사용하죠. 견과류를 갈아서 사용하는 레시피에서는 입자의 굵기 정도에 대해 밝혀두었습니다. '곱게'라는 것은 밀가루처럼 가볍고 폭신폭신한 질감을 의미합니다. '거의 곱게'는 입자가 약간 크지만 질감은 일정한 상태입니다. '굵게'는 입자가 칼로 다진 정도의 굵은 상태로 실제로 칼로 다져서 만들어도 됩니다. 견과류 가루를 구입해 사용할 경우에는 직접 간 것보다 수분 함량이 약간 부족할 수 있으므로 반죽 상태를 봐가면서 물을 조금씩 첨가합니다. 이때 너무 축축해지지 않도록 주의해야 합니다.

이스트 사용법 스웨덴에서는 보통 빵을 구울 때 생 이스트를 사용하지만 일반적으로 쓰는 인스턴트 드라이 이스트로 레시피를 조정했습니다. 인스턴트 드라이 이스트는 빵을 반죽할 때 다른 가루와 함께 넣어 곧바로 사용할 수 있고 6개월 정도 냉장 보관이 가능하기 때문에 편리합니다. 만약 생 이스트를 사용할 경우 양을 인스턴트 드라이 이스트의 2배 정도로 조절하면 됩니다.

반죽 냉동하기 쿠키 만들고 난 후 반죽이 남았다면 냉동했다가 다음에 꺼내 써도 좋습니다. 특히 핀란드식 막대 쿠키(50쪽)나 생강 쿠키(124쪽)처럼 썰거나 밀대로 미는 쿠키 반죽이 냉동하기에 좋죠. 반죽을 원통형으로 말아서 랩으로 단단히 감싸고 지퍼락 봉투에 담아 밀폐한 후 냉동고에 넣습니다.

팬에 버터를 바르고 밀가루 뿌리기 스웨덴 사람들은 케이크 팬에 버터를 바른 다음 밀가루 대신 고운 빵가루 뿌리기를 좋아합니다. 특히 쿠겔호프 팬을 사용할 때 그렇게 하는데, 케이크의 표면에 멋진 질감이 생기기 때문이죠. 빵가루는 먹다 남아 냉동 보관해둔 빵을 푸드프로세서로 곱게 갈아서 손쉽게 만들 수 있습니다.

식히기 쿠키를 식힐 때 반드시 식힘망을 써야 할 필요는 없습니다. 오븐 팬에서 꺼내 작업대 위에서 곧바로 식히면 되죠. 식탁처럼 평평한 곳이면 어디든 상관없습니다. 간혹 공기 순환 때문에 반드시 식힘망 위에서 식혀야 하는 경우에는 레시피에 밝혀두었습니다.

종이 베이킹 컵 스웨덴에서 종이 베이킹 컵은 쿠키부터 시나몬 번에 이르기까지 아주 다양하게 쓰입니다. 레시피에 종이 베이킹 컵이 명시되어 있다면 오븐 팬 위에 바로 올리고 그 안에 반죽이나 빵을 넣어 구우면 됩니다.

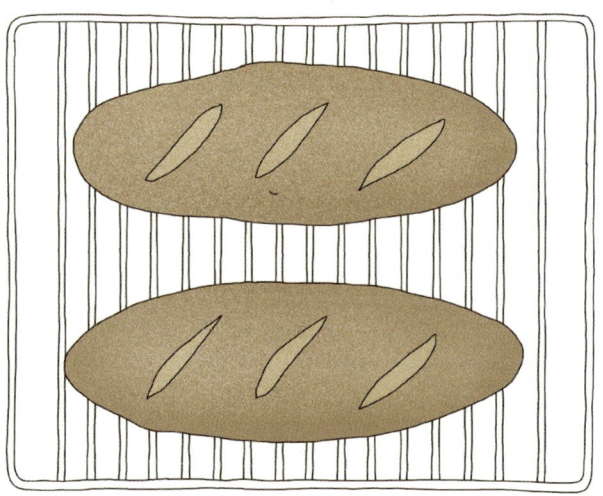

· 차례 ·

들어가며　**우리 피카 할까요?** 5

진정한 수작업 레시피, 정제되지 않은 재료를 사용해 손으로 섞고 반죽한다 · 피카를 위한 식재료 · 피카 베이킹에 사용되는 도구 · 피카 베이킹의 기본 작업 방식

1　**카페후스에서 카페렙까지, 스웨덴 커피의 역사** 25

구스타프스베리의 아름다운 커피 잔 · 일곱 가지 쿠키

Recipes　베테불라르–시나몬 카다멈 번 **32** · 카르데뭄마카카–카다멈 케이크 **36** · 아펠신스니타르–오렌지 아몬드 슬라이스 쿠키 **38** · 하브레플라른 메드 초클라드–오트밀 초콜릿 샌드위치 쿠키 **41** · 피콘루토르–무화과 사각 쿠키 **44** · 쉴트그로토르–잼을 채운 엄지 쿠키 **46** · 스쿠르나 초클라드카코르–초콜릿 슬라이스 쿠키 **48** · 핀스카 핀나르–핀란드식 막대 쿠키 **50** · 무스콧스니타르–넛메그 슬라이스 쿠키 **52** · 하셀뇌츠플라른–헤이즐넛 쿠키 **54**

2　**'잠깐 멈춤'과 슬로 라이프** 57

피카룸, 직장에서 즐기는 피카 · 삶이 이토록 멋지다는 것을 음미하는 방법 · 여행을 위한 피카

Recipes　만델카카–아몬드 타르트 **64** · 하셀뇌츠카카 메드 카페–헤이즐넛 커피 케이크 **66** · 셰클렉스몸스–초콜릿 커피 케이크 **68** · 초클라드비스크비에르–초콜릿 버터크림 아몬드 쿠키 **70** · 코코스토파르–코코넛 쿠키 **72** · 초콜라드볼라르–초콜릿 볼 **73** · 클라드카카–쫀득한 초콜릿 케이크 **74** · 하스트불라르–퀵 번 **76** · 크로난스카카–아몬드 감자 케이크 **78**

 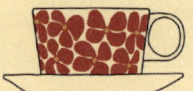  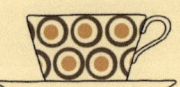 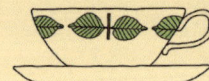

3 야외 활동과 피카 81

여름 향기를 품은 음식들 · 어떤 날의 피카

Recipes 라바르베르콤포트 – 루바브 콤포트 86 · 라바르베르사프트 – 루바브 코디얼 88 · 플레데르사프트 – 엘더플라워 코디얼 90 · 할론파이 메드 바닐리소스 – 바닐라 소스를 곁들인 라즈베리 파이 92 · 키누스키카카 – 키누스키 캐러멜 케이크 94 · 드로트닝쉴트 – 여왕의 잼 97 · 만델카카 메드 비엔베르 – 블랙베리 아몬드 케이크 98 · 프리스카카 – 사과 케이크 100

4 특별한 날의 피카 103

남스다가르(성명 축일) · 페티스다겐(참회의 화요일) · 미드솜마르(미드서머) · 칼라스(생일) · 율(크리스마스 시즌) · 강림절과 루시아 · 율라프톤(크리스마스 이브)

Recipes 마렝토르타 메드 하셀뇌테르 – 헤이즐넛 머랭 토르테 110 · 잉에페르스 마렝에르 – 생강 머랭 112 · 프룩트카카 – 과일 케이크 114 · 셈라 – 스웨덴식 크림빵 116 · 루세카테르 – 사프란 빵 119 · 사프란스카카 메드 만델마사 – 아몬드 페이스트가 들어간 사프란 케이크 122 · 페파르카코르 – 생강 쿠키 124 · 미우카 페파르카코르 – 부드러운 생강 쿠키 128 · 만델무슬로르 – 미니 아몬드 타르트 셸 130 · 글뢰그 – 스웨덴식 데운 와인 132

5 빵과 샌드위치, 그리고 피카 135

스웨덴 빵 · 스뫼르고스 만드는 방법

Recipes 툰브뢰드 – 스웨덴식 플랫브레드 140 · 스벤스카 스콘 – 스웨덴식 스콘 142 · 판카코르 – 스웨덴식 팬케이크 144 · 쿠민스코르포르 – 캐러웨이 크리습브레드 146 · 로스타드 로그불라르 – 호밀빵 토스트 148 · 아니스 오크 하셀뇌츠 비스코티 – 아니스와 헤이즐넛 비스코티 150 · 피콘마르멜라드 – 무화과 잼 152 · 로그브뢰드 – 호밀빵 154 · 크네케켁스 – 크리습브레드 크래커 158

1
카페후스에서 카페렙까지 스웨덴 커피의 역사

스웨덴을 그저 토지 면적이 407,340제곱킬로미터이고 인구는 약 950만인 북유럽 나라라고만 표현한다면 너무 단순한 설명이 될지 모릅니다. 스웨덴은 영토의 최북단이 북극권에 속해 있으며 최남단이라 해도 위도가 모스크바와 거의 비슷합니다. 확실히 커피 같은 열대 작물을 재배할 수 있는 기후는 아니죠. 그렇다면 스웨덴은 어떻게 따뜻한 기후에서 재배되는 그 작고 검은 콩알을 이토록 많이 소비하게 되었을까요? 하루 평균 소비되는 양으로 따진다면 스칸디나비아 국가들은 커피를 1년에 1인당 150리터 이상을 마심으로써 국제 커피 소비 시장에서 단연 상위를 차지합니다. 커피를 하루에 한 잔도 마시지 않는 스웨덴 사람은 찾아보기 힘들죠. 스웨덴에 커피가 들어온 이후로 커피 브레이크는 항상 존재해왔습니다.

    스웨덴에 커피가 공식적으로 도입된 해는 1685년으로 보입니다. 그해 예테보리의 세관 서류에 누군가가 커피 생두 600그램을 수입했다는 기록이 있습

니다. 그로부터 3년 후 커피는 약국에서 판매되기 시작했습니다. 1700년대에 이르자 커피 수입이 증가했고 커피 애호가였던 왕 찰스 7세는 터키에서 커피 만드는 기계를 공수해 오기까지 했다고 알려져 있습니다. 그러나 이때까지도 커피를 마신다는 것은 남자들에게만 허용되는 일이었죠. 당시의 카페였던 카페후스kaffehus는 항구 도시에서 최초로 생겨났는데 그곳에는 선원과 같은 거친 남자들이 드나들었다고 합니다. 사실 카페후스라는 말은 부정적인 의미를 지녔기 때문에 이 단어를 사용하기조차 꺼린 시절도 있었습니다. 그러나 카페후스는 점차 지식인과 정치인이 만나는 장소로 자리를 잡았고 커피는 곧바로 상류층이 향유하는 고상한 문화로 여겨지게 되었습니다.

    커피 문화가 확산되자 이를 저지하려는 움직임도 있었습니다. 왕 구스타프 3세는 커피가 건강에 좋지 않고 카페후스의 모임이 반 군주 정서를 확대시킨다고 믿었습니다. 그래서 외국에서 수입되는 고가의 사치품이므로 국가 경제에 득이 될 게 없다는 이유를 내세워 커피를 반대했습니다. 커피를 마시는 행위 자체가 불법이 된 것입니다. 그러나 소유하지 못하는 사치품에 대한 갈망은 커지기 마련이죠. 커피의 소비가 오히려 증가한 것은 당연한 일이었습니다.

 1800년대에 이르자 카페후스는 일종의 카페와 제과점을 결합한 형태인 콘디토리konditori에 밀려 쇠퇴합니다. 콘디토리에서는 달콤하게 구운 과자와 빵이 커피만큼 중요한 메뉴였습니다. 일요일이면 누구든 최대한 잘 차려입고 동네 콘디스(콘디토리를 보통 이렇게 줄여서 부릅니다)에 가는 일이 으레 치르는 중요한 행사가 되었죠. 이런 관습이 지금 스웨덴의 카페와 피카 문화의 근간이 되었습니다. 커피가 정치인이든 농부든 직업이나 계층에 상관없이 누구나 집에서 마시는 일상 음료로 대중화된 것도 이와 거의 같은 시기입니다. 커피는 사람들이 만나는 이유가 되었고 그 과정에서 피카가 탄생했습니다. 스웨덴어로 달콤한 빵이나 과자를 카페브뢰드kaffebröd라고 부르는 것은 우연이 아니죠. 이렇게 구운 빵, 과자, 케이크 등은 한 세기가 넘도록 커피와 함께해왔습니다.

 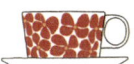   

구스타프스베리의 아름다운 커피 잔

스웨덴에서는 어느 날 오후 예고도 없이 불쑥 할머니 댁을 찾아가도 언제나 우아한 도자기 잔에 커피가 담겨 나올 것입니다. 손님이 찾아오면 그릇장에 진열해놓은 커피 잔과 컵 받침, 과자 접시, 도자기 주전자를 꺼내 피카를 차리는 문화가 지금까지 이어져오고 있죠. 제대로 갖춘 아름다운 도자기 그릇 세트를 집에서 직접 구운 케이크나 빵만큼 중요하게 여겼다는 사실은 스웨덴 사람들이 얼마나 예의를 다해 피카를 대했는지 짐작하게 합니다.

몇십 년 전 좀 더 캐주얼한 커피 문화가 스웨덴에 들어오기 전까지 커피는 이런 방식으로 향유되었습니다. 오후에 누군가의 집에서 커피를 마시러 모이면 아름다운 도자기 커피 잔 세트도 함께 나왔습니다. 영국의 애프터눈 티 전통에서도 그렇지만 이런 도자기는 피카를 잘 표현해줍니다. 과거 스웨덴에서 커피를 우리던 전통적인 방식은 콕카페kokkaffe였습니다. '요리된 커피'라는 뜻으로, 거칠게 간 커피를 주전자에 물과 함께 넣고 끓여서 만들었죠. 이렇게 하면 커피가 입천장을 델 정도로 뜨거워지기 때문에 커피 잔 받침에 조금 따라 식혀 마시곤 했습니다. 커피는 언제나 밀크 저그, 은으로 만든 집게, 각설탕 그릇과 함께 나왔고, 각설탕을 이 사이에 문 상태로 커피를 마셨습니다. 진정한 빈티지 스타일의 피카라고 할 수 있죠. 이 시기에 향유된 또 다른 독특한 피카 음료가 있는데 카페예크kaffegök 혹은 카페카스크kaffekask라 불리는 음료입니다. 커피와 술을 혼합한 것으로, 커피 한 잔에 대략 보드카 한 샷 정도를 넣어서 만들어 즐겼습니다.

이 당시의 피카라 하면, 머릿속에 가장 먼저 떠오르는 시각적인 이미지가 있습니다. 바로 스웨덴 출신 디자이너 스티그 린드베리가 디자인한 구스타프스베리의 커피 잔과 컵 받침입니다. 1950년대와 1960년대에 여러 스웨덴 디자이너들은 커피 잔과 그릇에 단순한 선과 독창적인 패턴을 가미해 선풍적인 인기를 끌었고 이것은 전 세계적으로 여러 디자인에 영감을 주었습니다. 지금도 빈티지 애호가들은 린드베리가 디자인한 오리지널 구스타프스베리 커피 잔을 소장하는 것을 최대의 꿈으로 삼을 정도죠. 구스타프스베리 커피 잔만큼 이 시기의 스웨덴의 주방을 잘 상징하는 것도 없습니다. 오늘날까지도 전통적인 잔과 받침 세트는 피카를 온전히 즐기고 피카에 파티 분위기를 더하는 중요한 요소가 됩니다. 모임에서 저녁 식사가 끝난 후의 커피는 보통의 컵보다 크기가 더 작은 커피 잔과 받침인 모카코프mockakopp에 나옵니다.

일곱 가지 쿠키

콘디토리가 번성하면서 커피는 곁들여져 나오는 먹거리와 동의어가 되었습니다. 커피 한잔 하자는 초대를 받으면 자연히 맛난 먹거리를 기대하게 되었죠. 1900년대 중반에는 생일 파티나 장례식 혹은 할머니들의 친목 모임까지도 카페렙kafferep을 하는 문화가 널리 퍼졌습니다. 카페렙은 일반적인 피카보다 좀 더 규모가 있는 공식적인 형태의 피카입니다.

제대로 된 카페렙을 위해서는 여러 종류의 자그마한 쿠키와 빵, 스펀지케이크 중 한 가지는 반드시 필요합니다. 좀 더 특별한 행사에는 밀가루가 조금만 들어가거나 전혀 들어가지 않는 유럽식 케이크인 토르테가 추가되죠. 핵심은 대접할 먹을거리가 풍부해야 한다는 점입니다.

전통적인 카페렙에서 쿠키는 스모카코르småkakor라 불리는데, 문자 그대로 '작은 쿠키'라는 뜻입니다. 스모카코르는 기본 반죽으로 만드는 쿠키이지만 달콤하고 앙증맞다는 데 그 특별함이 있습니다. 어떤 카페렙에 참석하더라도 2단 또는 3단 쿠키 접시인 카크파트kakfat에 다양한 쿠키가 담겨 있는 장면을 기대할 수 있습니다. 카크파트는 본래 다양한 스모카코르로 가득 채워야 하기 때문입니다.

훌륭한 안주인이라면 어느 집에나 있는 평범한 재료로 여러 가지 스모카코르를 굽습니다. 이 전통은 스웨덴의 대표적인 요리책이라 할 만한 『일곱 가지 쿠키』에서 유래했습니다. 요즘에도 스웨덴 가정이라면 한 권씩 갖추고 있을 정도로 대중적인 책이죠. 물론 일곱 가지의 쿠키를 직접 만들어 대접하려면 상당한 포부와 헌신이 필요하지만 그 개념만큼은 모든 스웨덴인의 사고방식 속에 깊이 뿌리 박혀 있습니다.

어떤 손님이 언제 올지 모를 일입니다. 갑작스러운 상황에 대비해 스웨덴 사람들은 아름다운 깡통에 쿠키를 넣어서 보관하곤 했습니다. 요즘에는 버터 쿠키 반죽을 미리 만들어 냉동해두었다가 필요할 때 꺼내서 손쉽게 쿠키를 굽기도 하죠. 스웨덴에서는 손님이 오면 커피를 대접하는 일이 당연한 데다 커피와 함께 곁들일 먹을거리가 없다는 것은 상상조차 할 수 없기 때문입니다.

Recipes

여기서 소개하는 베테불라르와 카르데뭄마카카 등은 스웨덴 카페렙의 기본 음식입니다. 특히 몇 가지 쿠키는 여러 번의 실험 끝에 가장 맛있는 레시피로 거듭나게 되었다고 자부합니다. 이 장에서 소개하는 레시피들은 가장 상징적이고 전통적인 피카 음식인 만큼 꼭 한 번 시도해보세요.

베테불라르 • 시나몬 카다멈 번 • 32

카르데뭄마카카 • 카다멈 케이크 • 36

아펠신스니타르 • 오렌지 아몬드 슬라이스 쿠키 • 38

하브레플라른 메드 초글라드 • 오트밀 초콜릿 슬라이스 쿠키 • 41

피콘루토르 • 무화과 사각 쿠키 • 44

쉴트그로토르 • 잼을 채운 엄지 쿠키 • 46

스쿠르나 초클라드카코르 • 초콜릿 슬라이스 쿠키 • 48

핀스카 핀나르 • 핀란드식 막대 쿠키 • 50

무스콧스니타르 • 넛메그 슬라이스 쿠키 • 52

하셀뇌츠플라른 • 헤이즐넛 쿠키 • 54

vetebullar

시나몬 카다멈 번

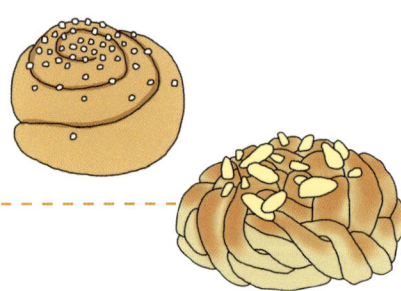

베테불라르

번 30~36개 혹은 긴 것 2개 분량

스웨덴어로 '불라르'는 '빵', '베테'는 '밀'을 뜻합니다. 따라서 베테불라르는 밀 반죽을 기본으로 하는 모든 빵을 일컫죠. 시나몬 번인 카넬불라르, 카다멈 번인 카르데뭄마불라르가 스웨덴에서 가장 흔히 먹는 빵이에요. 달팽이처럼 돌돌 말린 '롤'이 베테불라르의 가장 일반적인 모양이지만 형태는 다양합니다. 보통 구울 때 사용했던 베이킹 컵 그대로 테이블에 내놓지요. 카넬불라르는 스웨덴을 대표하는 빵입니다. 이 빵만을 위한 축제일이 있을 정도니까요. 카넬불라르 파티를 시도해볼 독자가 있을지도 모르니 10월 4일이라고 살짝 귀띔해드리죠.

이 레시피는 여러 속재료를 활용해 변화를 시도해봐도 좋아요. 일단 반죽을 잘 만들 수 있게 되면 그 안을 나만의 속재료로 채울 수 있죠. 불라르는 피카의 핵심이라고 할 수 있답니다. 스웨덴 사람 모두가 알고 있는 단 한 가지가 있다면, 불라르는 오븐에서 금방 꺼냈을 때가 가장 맛있고 언제나 주방을 환상적인 냄새로 가득 채운다는 사실입니다.

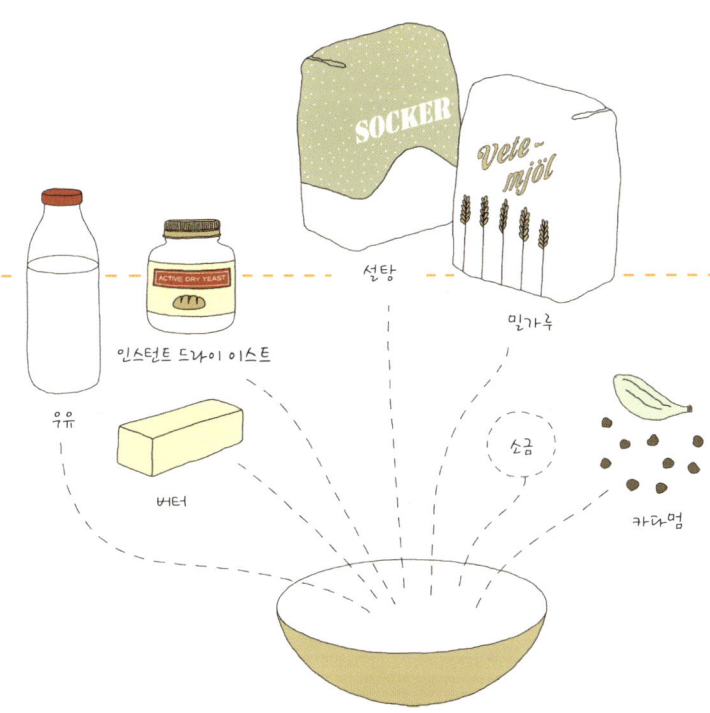

반죽

무염 버터 7큰술(99g)
우유 1 1/2컵(360ml)
인스턴트 드라이 이스트 2작은술
밀가루 4 1/2컵(638g)
설탕 1/4컵(50g)
으깬 카다멈 씨앗 1 1/2작은술
소금 1/2작은술

- 반죽을 만들기 위해 먼저 냄비에 버터를 넣어 녹인 다음 우유를 붓고 젓는다. 만졌을 때 따뜻할 정도(약 43도)로 데운다. 큰 볼에 밀가루, 설탕, 카다멈, 소금, 이스트를 넣고 섞는다. 여기에 버터와 우유의 혼합물을 넣는다. 반죽이 공 형태로 뭉쳐질 때까지 손으로 치댄다.

- 반죽을 평평한 작업대에 올려놓고 부드럽고 탱탱해질 때까지 3~5분가량 치댄다. 반죽은 촉촉해야 하지만 손가락에 달라붙으면 밀가루를 약간씩 뿌려가면서 만져준다. 반죽을 날카로운 칼로 잘랐을 때 단면에 공기 방울이 전반적으로 보이면 완성된 것이다. 이것을 볼에 넣고 랩을 씌워 부피가 2배 정도가 될 때까지 약 1시간 정도 둔다.

- 오븐 팬 위에 유산지나 실리콘 매트를 깔거나 중간 크기의 종이 베이킹 컵을 올린다.
- 반죽이 부풀기를 기다리는 동안 속재료를 만든다. 버터, 설탕, 향신료를 볼에 넣고 거품기로 섞어 펴 바를 수 있을 정도의 부드러운 크림 상태로 만든다.
- 반죽이 완전히 부풀어 오르면 덩어리를 반으로 잘라 평평한 작업대 위에 올린다. 밀대로 밀어서 약 28×43센티미터 정도 크기의 직사각형 모양을 만든다. 직사각형의 긴 면이 앞으로 오도록 놓는다.
- 속재료의 반을 반죽 위에 올려 가장자리까지 구석구석 펴 바른다. 반죽을 그림과 같이 위쪽으로 돌돌 만다. 이것을 일정한 간격으로 15~18등분한 다음 그림과 같이 돌돌 말린 단면이 위로 오도록 베이킹 컵 위에 올린다. 반죽의 이음새를 손가락으로 꼬집듯이 눌러주어 굽는 동안 빵이 풀리지 않도록 한다. 나머지 반죽도 같은 방법으로 완성한 후 깨끗한 면보를 덮어 바람이 없는 곳에서 45분 정도 더 발효시킨다.
- 오븐을 225도로 예열한다.

속재료

상온 상태의 무염 버터 7큰술(99g)
설탕 1/2컵(99g)
계핏가루 3~4작은술과 으깬 카다멈 씨앗 2작은술을 섞은 것 혹은 으깬 카다멈 씨앗만 3~4작은술

토핑

푼 달걀 1개
펄 슈거 혹은 다진 아몬드

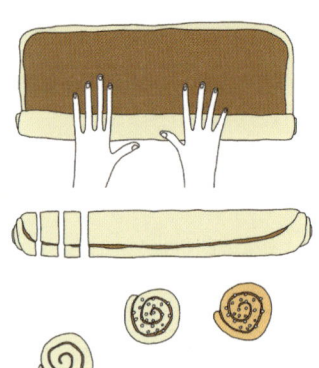

- 반죽이 부풀어 오르면 푼 달걀을 페이스트리 브러시로 반죽에 조심스레 바르고 펄 슈거를 솔솔 뿌린다.

- 8~10분가량 굽는다. 오븐에서 꺼내 작업대 위에 올려 식히는 동안 면보를 덮어둔다. 갓 구운 빵을 내어놓는다. 바로 먹을 것이 아니라면 완전히 식힌 후에 냉동 보관한다.

- 전통적인 시나몬 번 모양 대신에 꽈배기 모양(옆의 그림 참조)이나 긴 롤을 통째로 가위질해 속재료가 살짝 삐져나온 형태로 만들 수도 있다. 만약 아래 그림과 같이 긴 롤을 가위질해 통째로 구울 경우는 굽는 시간을 10분 더 연장한다.

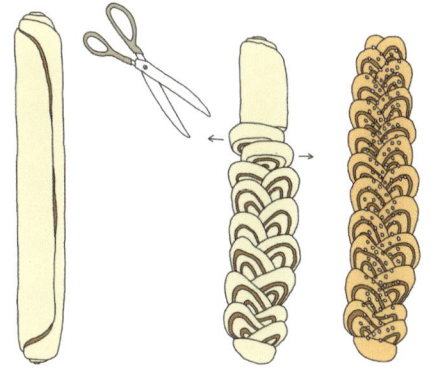

kardemummakaka

카다멈 케이크

카르데뭄마카카

지름 22cm짜리 쿠겔호프 케이크 1개 분량

카다멈은 향이 무척 강한 향신료예요. 카다멈이라 하면 대부분 인도나 중동 음식을 생각할 겁니다. 하지만 스웨덴 사람들은 카다멈 향이 살짝 감도는 달콤한 빵을 한 입 베어 물었을 때 고향을 떠올립니다. 그들은 지구의 반대쪽에서 온 재료인 카다멈을 대단히 좋아하고 아주 많은 양을 소비합니다. 스웨덴의 빵과 케이크를 보면 과연 그렇겠다 싶지요. 피카 베이킹에 관한 우리의 소박한 생각 중 하나는 바로 카다멈은 많이 들어갈수록 더 맛있다는 사실이랍니다.

이 카다멈 케이크는 요한나의 엄마인 모나의 레시피에서 영감을 받았어요. 카다멈이 적당히 들어간 폭신하면서도 촉촉한 케이크랍니다. 이 레시피에서는 카다멈을 으깨서 사용했습니다. 씨앗에서 강한 풍미를 얻을 수 있고 간간이 알갱이가 씹히는 식감도 재미있기 때문이죠.

재료

무염 버터 10 1/2큰술(148g)
상온 상태의 달걀노른자 3개
설탕 1/4컵(50g)
밀가루 3/4컵(106g)
으깬 카다멈 씨앗 4작은술
레몬 주스 3큰술
소금 1/2작은술
상온 상태의 달걀흰자 3개
머랭에 쓰일 설탕 3/4컵(148g)

- 오븐을 175도로 예열한다. 쿠겔호프 틀에 버터를 바르고 밀가루를 뿌린다.
- 냄비에 버터를 넣어 녹인 다음 한쪽에 놓고 식힌다.
- 볼에 달걀노른자와 설탕을 넣어 거품기로 거품이 일 때까지 젓다가 살짝 식은 버터를 추가해 더 저어준다. 체에 거른 밀가루, 카다멈, 레몬 주스, 소금을 넣고 조심스레 젓는다. 반죽이 부드럽고 일정한 상태가 될 때까지만 최소한으로 섞는다.
- 머랭을 준비한다. 볼에 달걀흰자를 넣고 거품을 낸다. 거품이 풍성해지고 손가락으로 찍어보았을 때 끝 부분이 부드럽게 구부러지는 상태가 되면 설탕을 조금씩 추가하면서 계속 거품을 올린다. 거품을 손가락으로 찍어 끝 부분의 꼭지가 단단해지면 머랭이 완성된 것이다. 완성된 머랭을 반죽에 넣은 다음 스패튤러로 조심스럽게 섞는다. 이때 과하게 젓지 않도록 주의한다. 반죽을 곧바로 쿠겔호프 케이크 틀에 붓는다.
- 40~45분간 굽는다. 이쑤시개나 젓가락으로 케이크의 가장 두꺼운 면을 찔렀을 때 반죽이 묻어나오지 않으면 완성된 것이다. 만약 케이크 표면이 너무 빨리 황갈색으로 변하면(오븐에 넣고 20분 후에 이런 상태가 될 수 있다) 오븐에서 꺼내어 알루미늄 호일이나 종이 호일로 덮어 다시 굽는다. 이렇게 하면 케이크 윗부분이 타는 것을 방지할 수 있다.
- 오븐에서 꺼내어 약간 식힌 후 틀을 뒤집어 케이크를 꺼낸다.

apelsinsnittar

오렌지 아몬드 슬라이스 쿠키

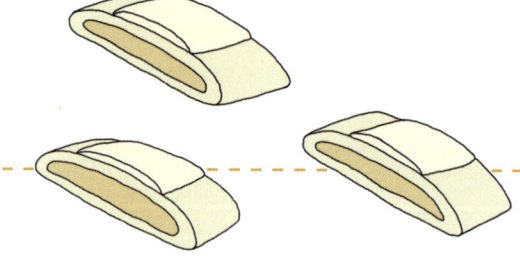

아펠신스니타르

48개 분량

스웨덴의 쿠키 반죽은 보통 버터, 설탕, 밀가루를 기본으로 합니다. 무척 맛있지만 너무 단순해서 좀 지겹기도 해요. 그래서 오렌지 제스트의 풍미가 살짝 감도는 아몬드를 속재료로 넣고, 상큼한 시트러스 향이 나는 아이싱을 토핑하는 것으로 전통 반죽 레시피를 살짝 바꿔보았어요. 이 독특하고 예쁜 쿠키는 스웨덴 전통 도자기 잔에 커피를 담아 같이 내놓으면 테이블 위에서 더욱 빛을 발하지요. 냉동 보관해도 맛과 향이 변하지 않으니까 갑자기 손님이 들이닥쳐도 곧바로 꺼내 준비하면 됩니다.

- 먼저 큰 볼에 버터와 설탕을 넣고 잘 섞일 때까지 거품기로 저어서 크림 상태로 만든다. 여기에 밀가루, 달걀노른자, 생강을 넣어 공 형태가 될 때까지 반죽을 손으로 치댄다. 반죽을 랩으로 덮어 냉장고에 30분가량 둔다.
- 오븐을 200도로 예열한다. 오븐 팬에 유산지나 실리콘 베이킹 매트를 깐다.
- 속재료를 준비한다. 아몬드, 설탕, 아몬드 추출액을 푸드프로세서에 넣고 덩어리로 뭉쳐질 때까지 간다. 아몬드의 보관 상태나 수분 함유량이 다양하므

반죽

상온 상태의 무염 버터 10큰술 (142g)
설탕 1/2컵(99g)
밀가루 1 1/2컵(213g)
달걀노른자 1개
간 생강 2작은술

속재료
껍질 벗긴 아몬드 1 1/2컵(213g)
설탕 1/2컵(99g)
아몬드 추출액 1작은술
달걀흰자 1개
오렌지 제스트 1~2작은술

아이싱
슈거 파우더 1/4컵(28g)
오렌지 주스 1~2작은술

로 반죽은 아몬드의 상태에 따라 부드럽거나 끈적일 수 있다. 어떤 상태이더라도 속재료로 사용하는 데는 무방하다.

- 볼에 달걀흰자를 넣고 거품이 일 때까지 젓는다. 여기에 아몬드 반죽과 오렌지 제스트를 넣어 섞는다.

- 반죽을 4등분으로 나눈다. 작업대 위에 밀가루를 뿌리고 반죽을 밀대로 밀어 약 25×10센티미터의 사각형으로 만든다. 긴 면이 앞으로 오도록 놓는다. 밀대 작업을 할 때 반죽의 위와 아래에 랩을 깔면 수월하다.

- 속재료 중 1/4의 분량을 반죽의 가운데 부분에 가로로 길게 올린다. 속재료가 반죽의 가운데 1/3가량을 차지할 정도로 놓으면 된다. 반죽의 윗부분을 아래로 접어서 속재료를 완전히 덮는다. 그런 다음 아랫부분을 접어 올린다. 접는 과정에서 반죽이 찢어지면 손가락으로 살짝 집어 아물려 속재료가 빠져나오지 않게 한다. 접은 반죽의 이음새를 잘 집으면 굽는 동안 반죽이 풀리는 것을 막을 수 있다. 나머지 반죽도 동일한 방법으로 만든다.

- 반죽을 조심스럽게 뒤집어 이음새 부분이 바닥에 오도록 오븐 팬 위에 올린다. 가장자리가 갈색이 될 때까지 15분 정도 굽는다. 오븐에서 꺼내어 팬 위에 둔 상태로 식힌다.

- 아이싱을 준비한다. 슈거 파우더에 오렌지 주스를 섞어 부드러운 상태를 만든다. 오렌지 주스를 첨가할 때 아이싱이 너무 묽어지지 않도록 조심한다.

- 쿠키가 다 식으면 도마 위로 옮긴다. 스패튤러로 윗부분에 아이싱을 펴 바른다. 아이싱이 굳을 때까지 몇 분가량 둔 다음 12등분으로 자른다.

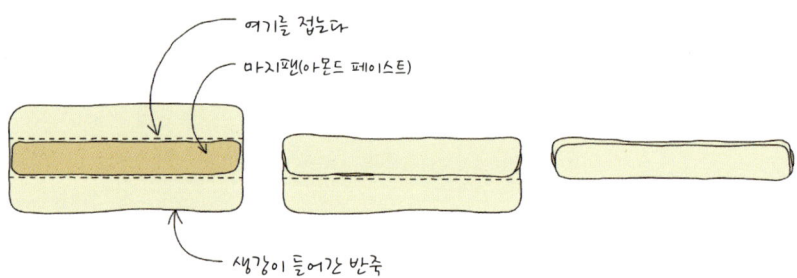

havreflarn med choklad

오트밀 초콜릿 슬라이스 쿠키

하브레플라른 메드 초클라드

16개 분량

스웨덴 전통 쿠키인 하브레플라른은 맛과 모양이 무척 다양합니다. 그중 초콜릿이 들어간 것이 인기가 많죠. 초콜릿 하브레플라른을 만들 때는 쿠키를 초콜릿에 담그거나 윗부분에 초콜릿을 바르거나, 쿠키 두 개 사이에 초콜릿을 넣기도 합니다. 바삭바삭한 오트밀과 달콤한 초콜릿이 정말 잘 어울리죠. 여기서는 생강 향이 살짝 나는 샌드위치 쿠키 레시피를 소개하려고 합니다. 물론 샌드위치 과정을 생략하고 쿠키만 만들 수도 있어요.

쿠키
오트밀 1 1/2컵(148g)
밀가루 1큰술
베이킹파우더 1작은술
달걀 1개
설탕 1/2컵(99g)
무염 버터 7큰술(99g)

속재료
카카오 함량 60% 다크 초콜릿 113g
간 생강 1작은술

- 오븐을 175도로 예열한다. 오븐 팬에 유산지나 실리콘 베이킹 매트를 깐다.
- 푸드프로세서에 오트밀을 넣고 펄스 기능을 이용해 입자가 굵게 간다. 약간 씹히는 식감을 위해 너무 곱게 갈지 않도록 주의한다. 푸드프로세서가 없다면 가능한 입자가 작은 오트밀을 사용한다.
- 큰 볼에 밀가루와 베이킹파우더를 체에 거른다.
- 별도의 볼에 달걀과 설탕을 함께 넣고 거품기로 젓는다. 설탕이 완전히 녹고 색깔이 전체적으로 연해질 때까지 거품을 낸다. 여기에 체에 거른 밀가루와 베이킹파우더를 넣고 잘 섞는다.

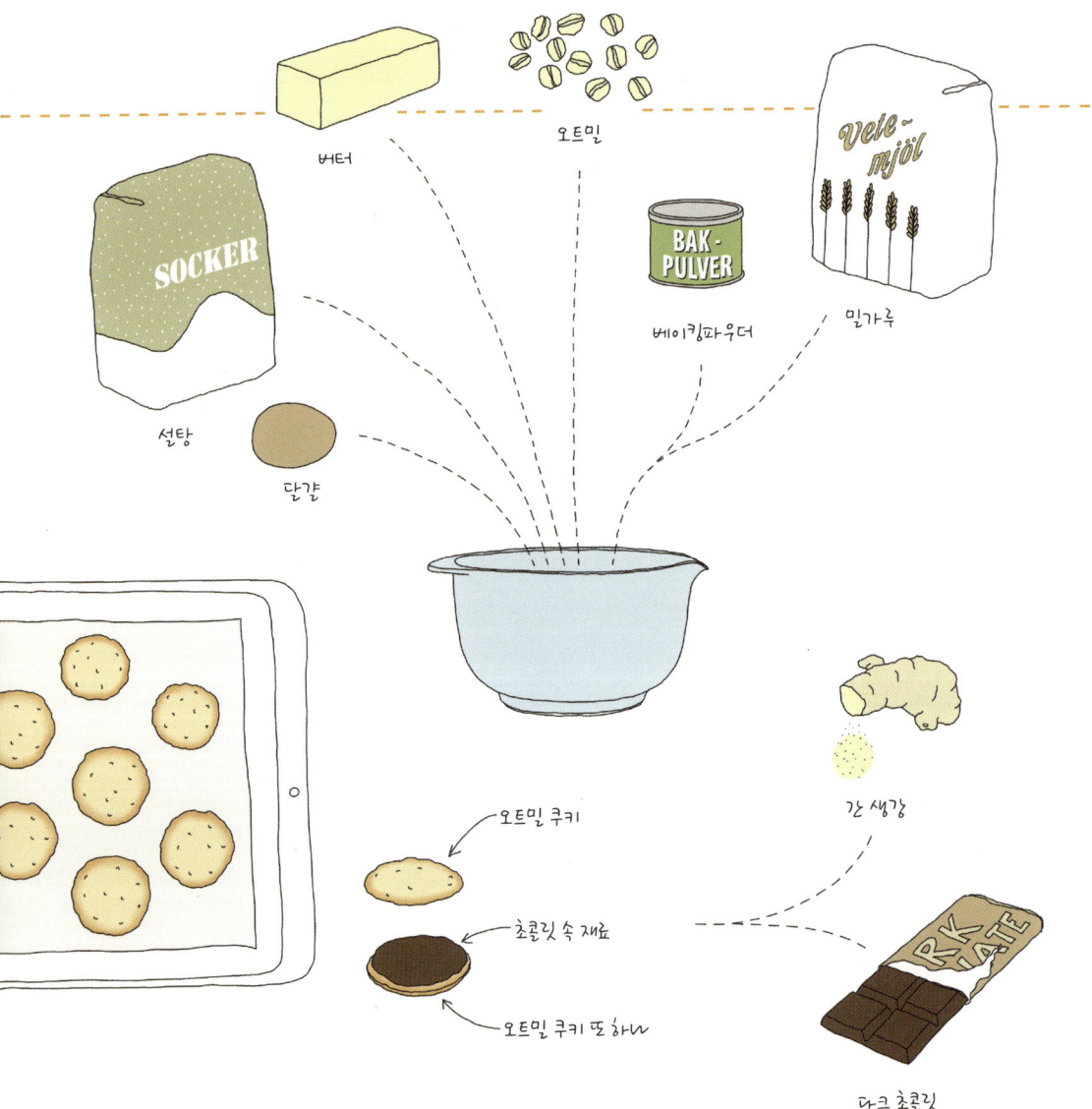

- 작은 냄비에 버터를 넣어 녹인다. 불을 끄고 오트밀을 넣는다. 오트밀이 버터로 완전히 덮일 때까지 포크로 섞어준다. 반죽에 오트밀을 넣고 섞는다.

- 숟가락을 이용해 반죽을 대략 2작은술 분량으로 떠서 오븐 팬 위에 놓는다. 각각의 반죽 사이에 5센티미터 정도의 간격을 둔다. 손가락으로 반죽을 살짝 눌러 평평하게 만든다.

- 쿠키의 가장자리가 황갈색이 될 때까지 6~10분가량 굽는다.

- 오븐에서 꺼내 쿠키가 딱딱해질 때까지 오븐 팬에서 식힌다. 딱딱해진 쿠키를 작업대 위에 놓고 완전히 식도록 둔다. 이때 쿠키가 서로 겹쳐지면 눅눅해지므로 주의한다.

- 속재료를 준비한다. 초콜릿을 중탕으로 천천히 녹인 다음 생강을 넣는다. 녹은 생강 초콜릿을 쿠키의 납작한 면에 펴 바르고 그 위에 다시 쿠키를 얹어 샌드위치를 만든다. 초콜릿이 완전히 굳을 때까지 작업대 위에 둔다.

- 바삭바삭한 상태가 유지되도록 밀폐 용기에 넣어 보관한다.

fikonrutor

무화과 사각 쿠키

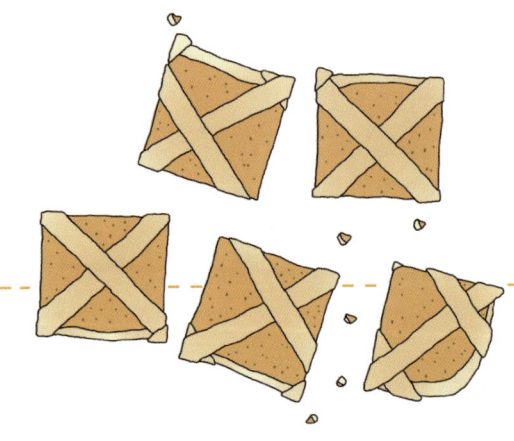

피콘루토르

35개 분량

버터 향 가득한 부드러운 반죽에 과일 잼을 발라 구운 사각형의 쿠키는 스웨덴의 인기 간식이에요. 보통 라즈베리 잼을 사용하는데 이번에는 무화과 잼(152쪽)으로 만들어보았어요. 다른 종류의 잼을 이용해도 되지만 흐를 정도로 묽은 잼은 피하는 게 좋습니다. 이 레시피는 요한나의 엄마 모나가 신문에 소개된 레시피를 오려내 오랫동안 서랍장 속에 보관해온 것을 요한나가 우연히 발견해 응용한 것이랍니다.

- 푸드프로세서에 아몬드를 넣고 곱게 간다.
- 믹싱 볼에 밀가루와 아몬드가루를 넣고 손으로 잘 섞는다. 가운데 구멍을 만들어 설탕, 버터, 달걀을 넣는다. 손가락 끝이나 나이프를 이용해 버터를 으깨며 재빠르게 반죽을 뭉친다. 반죽을 랩으로 싼 다음 냉장고에 넣어 1시간 이상 둔다.
- 오븐을 200도로 예열한다. 오븐 팬에 유산지나 실리콘 베이킹 매트를 깐다.
- 반죽의 2/3를 떼어내 크기 23×33센티미터, 두께 0.5센티미터 미만의 직사각형 모양이 되도록 밀대로 민다(반죽이 팬 안에 들어갈 수 있는 크기인

재료

생 아몬드 1/2컵(71g)
밀가루 1 1/2컵(213g)
설탕 2/3컵(132g)
깍둑 썬 차가운 무염 버터 3/4컵 (170g)
푼 달걀 1개
무화과 잼 1 1/3컵(320ml)

지 확인한다). 반죽의 아래위에 랩을 깔고 밀면 반죽이 달라붙지 않아 편리하다. 모양을 잡은 반죽을 오븐 팬에 올리고 반죽이 완전히 덮이도록 잼을 골고루 펴 바른다.

- 나머지 반죽을 같은 방식으로 민다. 페이스트리 커터나 칼을 사용해 반죽을 1센티미터 간격으로 길게 자른다. 이렇게 해서 만들어진 띠 모양의 반죽을 잼을 바른 반죽 위에 격자무늬 형태로 교차하여 놓는다.

- 약 10분가량 굽는다. 오븐에서 꺼내어 온기가 남아 있을 때 가로 7등분, 세로 5등분으로 잘라 35개의 사각형 쿠키를 만든다. 서로 가장자리가 닿지 않도록 떨어트려 놓고 완전히 식힌다.

- 밀폐 용기에 보관한다.

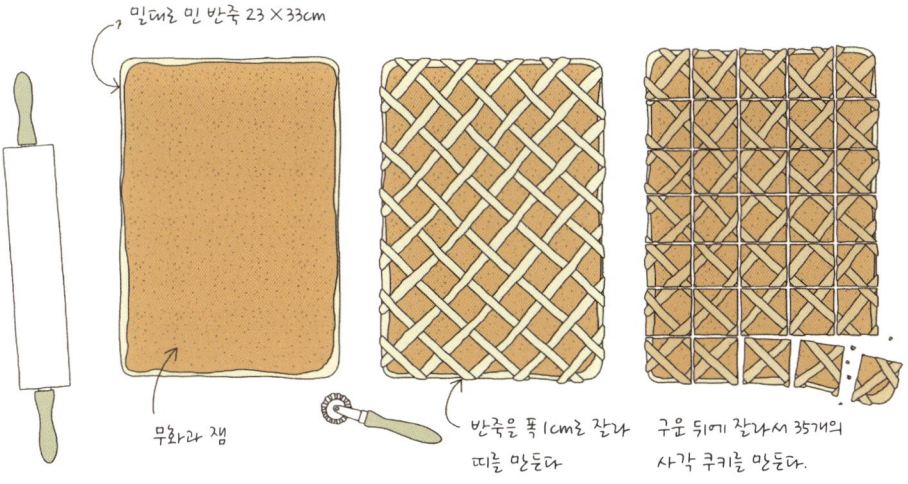

syltgrottor

잼을 채운 엄지 쿠키

쉴트그로토르

24개 분량

평범한 버터 쿠키도 맛있지만 여기에 잼을 채우면 새로운 맛을 느낄 수 있습니다. 쉴트그로토르는 '잼 동굴'이라는 뜻으로, 쿠키 접시를 더 환하게 밝혀줄 겁니다. 여러 종류의 잼을 활용하면 더욱 화려하고 다양한 맛과 색깔을 낼 수 있지요. 미국식 엄지 쿠키는 오븐 팬에 그냥 올린 상태로 굽기 때문에 갈색의 바삭바삭한 식감을 지니지만 스웨덴의 엄지 쿠키는 하나하나 작은 종이 베이킹 컵에 넣어서 굽기 때문에 더 밝고 부드러운 색이 나옵니다.

이 레시피에는 으깬 아니스 씨앗이 들어가서 더 특별하죠. 아니스는 이 쿠키에 사용되는 여왕의 잼(97쪽)과 잘 어우러져 풍미를 더해줍니다. 잼이 없을 경우에는 생 블루베리를 으깨어 설탕 몇 술을 넣고 잘 섞어서 대체해보세요.

재료
밀가루 2컵(284g)
설탕 1/2컵(99g)
베이킹파우더 1작은술
으깬 아니스 씨앗 2작은술
깍둑 썬 차가운 무염 버터 14큰술 (198g)
바닐라 추출액 1/2작은술
여왕의 잼 약 1/2컵(120ml)

- 오븐을 200도로 예열한다. 종이 베이킹 컵 24개를 오븐 팬 위에 정렬한다.
- 밀가루와 베이킹파우더에 설탕과 아니스 씨앗을 넣어 섞는다. 깍둑 썬 버터를 넣어 손으로 뭉친다. 바닐라 추출액을 첨가해 공 모양이 되도록 반죽한다.
- 반죽을 24등분해서 작은 공 모양으로 만든다. 숟가락으로 반죽을 떼어내거나 반죽을 긴 막대 형태로 만들어 나눈 다음에 하나하나 굴려서 만들 수도 있다. 반죽의 크기는 호두 알 정도다. 각각의 반죽을 종이 베이킹 컵에 넣는다.
- 엄지로 반죽의 가운데 부분을 꾹 눌러 쏙 들어가게 만든다. 잼을 티스푼으로 퍼서 움푹 팬 부분에 넣는다.
- 쿠키가 연한 황갈색을 띨 때까지 10~12분가량 굽는다. 오븐에서 꺼내어 식힌다.
- 밀폐 용기에 담아서 보관한다.

skurna chokladkakor

초콜릿 슬라이스 쿠키

스쿠르나 초클라드카코르
48개 분량

스웨덴에서 슬라이스 쿠키는 집에서 흔히 만들어 먹는 전통 음식이에요. 모양이 예쁜 데 비해 만드는 방법은 무척 단순하죠. 쿠키 반죽을 구운 다음 썰어 내놓으면 금세 피카 준비가 끝납니다.

대부분의 스웨덴 쿠키는 버터 반죽을 기본으로 하지만 이 레시피에는 초콜릿이 들어가요. 스웨덴의 대표 요리책인 『일곱 가지 쿠키』에 실린 레시피를 살짝 바꿔 보았죠. 초콜릿의 깊고 진한 맛을 사랑하는 분들을 위해 초콜릿을 더 많이 넣어주었어요. 전통적으로 이 쿠키는 펄 슈거(13쪽)로 토핑을 합니다. 어두운 갈색 쿠키 위에 하얀 펄 슈거가 흩뿌려진 모양은 눈이 내린 것처럼 예쁘죠. 펄 슈거를 구할 수 없다면 대신 터비나도 설탕을 사용해서 좀 더 바삭한 식감을 내도 좋아요.

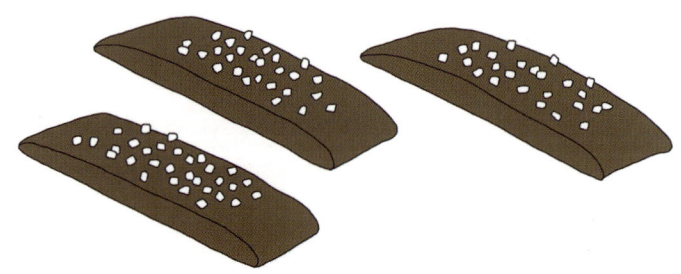

반죽
상온 상태의 무염 버터 1컵(227g)
설탕 1 1/3컵(264g)
달걀 2개
바닐라 추출액 2작은술
밀가루 2컵(284g)
코코아가루 1/4컵과 2큰술
베이킹파우더 1작은술

토핑
푼 달걀 1개
펄 슈거

- 볼에 버터와 설탕을 넣고 저어서 크림 상태로 만든다. 별도의 볼에 달걀 2개를 넣고 거품기로 저은 후 바닐라 추출액을 추가한다. 이것을 크림 상태의 버터와 설탕 혼합물에 넣고 잘 섞일 때까지 저어준다.
- 다른 볼에 밀가루, 코코아가루, 베이킹파우더를 함께 체에 거른다. 이것을 위의 혼합물에 넣어 반죽한다.
- 반죽을 랩으로 덮고 냉장고 안에 최소 30분 정도 둔다.
- 오븐을 200도로 예열한다. 팬에 유산지나 실리콘 베이킹 매트를 깐다.
- 반죽을 4등분으로 균등하게 나눈 다음 각각의 반죽을 길이 30센티미터가량의 원통형으로 만든다. 반죽을 최소 5센티미터 간격으로 가지런히 오븐 팬에 올린다. (반죽 성형을 오븐 팬 위에서 바로 해도 좋다). 반죽을 눌러서 폭 5센티미터, 두께 1.5센티미터가량의 크기로 만든다.
- 각각의 반죽 표면에 푼 달걀을 바른다. 펄 슈거를 위에 흩뿌린다.
- 15분가량 구운 다음 오븐에서 꺼내 도마에 올린다. 아직 따뜻할 때 원통형의 쿠키를 어슷하게 12등분으로 썬다. 쿠키를 작업대 위에 올려 완전히 식힌다.
- 밀폐 용기에 보관한다.

finska pinnar

핀란드식 막대 쿠키

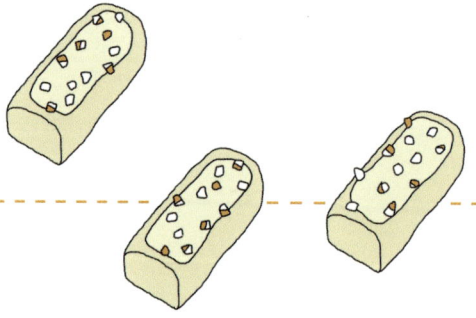

핀스카 핀나르

40개 분량

핀스카 핀나르는 스웨덴 동쪽의 이웃 나라 핀란드에서 건너온 쿠키예요. 이 쿠키는 여러 모임에 갖가지 특별한 쿠키를 대접하곤 했던 옛 시절을 떠오르게 합니다. 향수를 불러일으킨달까요. 그런 자리에서는 누구든지 작지만 결코 얕볼 수 없는 맛을 지닌 핀스카 핀나르를 맛볼 수 있었거든요. 쿠키를 한 종류밖에 만들 시간이 없더라도 속상해하지 마세요. 핀스카 핀나르가 제 역할을 톡톡히 할 테니까요.

- 푸드프로세서를 이용해 아몬드를 곱게 간다.
- 큰 볼에 버터와 설탕을 넣고 거품기로 저어서 크림 상태로 만든다. 여기에 밀가루와 아몬드가루, 아몬드 추출액을 넣는다. 손으로 반죽을 뭉쳐 공 모양으로 만든다(반죽이 너무 건조해 잘 뭉쳐지지 않을 경우 물 1/2~1작은술을 넣는다). 반죽을 4등분으로 나누어 각각 길이 10센티미터 정도의 두꺼운 원통 모양이 되도록 밀대로 민다. 반죽을 랩으로 싸서 냉장고에 30분 정도 넣어둔다.
- 오븐을 175도로 예열한다. 오븐 팬에 유산지나 실리콘 베이킹 매트를 깐다.

반죽

껍질 깐 아몬드 1/2컵(71g)
상온 상태의 무염 버터 10큰술 (142g)
설탕 1/3컵(66g)
밀가루 1 1/2컵(213g)

토핑

아몬드 추출액 1/4작은술
푼 달걀 1개
펄 슈거와 다진 아몬드(둘 중 하나만 사용해도 된다)

- 각각의 반죽을 밀대로 밀어 대략 50×1.5센티미터 정도의 크기로 만든다. 반죽이 달라붙으면 작업대 위에 밀가루를 약간씩 뿌려가면서 작업한다. 각각의 반죽을 10등분으로 자른다.

- 반죽을 오븐 팬 위에 올리고 조심스레 푼 달걀을 바른 뒤 펄 슈거나 다진 아몬드를 뿌린다.

- 연한 황갈색이 되도록 10~12분가량 굽는다. 쿠키를 오븐에서 꺼내어 작업대 위에 두고 식힌다. 가장자리가 서로 닿으면 눅눅해지므로 서로 닿지 않도록 주의한다.

- 밀폐 용기에 넣어 상온 혹은 냉동 보관한다.

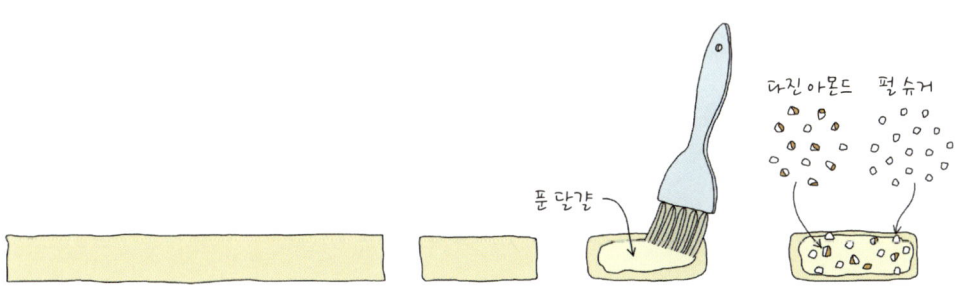

muskotsnittar

넛메그 슬라이스 쿠키

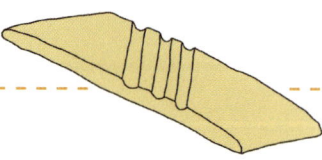

무스콧스니타르
40개 분량

무스콧스니타르는 넛메그가 들어가 향을 가득 품고 있는 쿠키입니다. 커피와 잘 어울리고 만들기도 아주 간편하죠. 한여름에 휴가철 간식으로 요긴하고요. 위에 줄 모양 장식으로 살짝 멋을 내면 보기에도 예쁘고 먹을 때 재미도 더합니다. 버터의 질감을 느낄 수 있도록 냉동했다가 먹어도 좋고, 냉동 상태로 그대로 먹어도 정말 맛있답니다.

- 큰 볼에 설탕, 계피, 넛메그, 생강을 넣고 섞는다. 여기에 버터를 넣고 저어 크림 상태로 만든다. 체에 거른 밀가루를 넣은 다음 단단한 느낌의 반죽이 될 때까지 손으로 작업한다.
- 반죽을 랩으로 덮어서 냉장고에 30분가량 넣어둔다.
- 오븐을 175도로 예열한다. 오븐 팬에 유산지나 실리콘 베이킹 매트를 깐다.
- 반죽을 4등분으로 나눈 다음 각각의 반죽을 밀대로 밀어 길이 35센티미터 정도의 원통 모양으로 만든다. 반죽을 오븐 팬에 옮겨서 두께 0.5센티미터로 납작하게 만든다. 오븐 팬 하나에 반죽 2개를 올리면 된다. 구우면 크기가 살

재료
설탕 2/3컵(142g)
간 계피 1큰술
간 넛메그 1작은술
간 생강 1작은술
상온 상태의 무염 버터 17큰술 (241g)
밀가루 2컵(284g)

짝 커지므로 반죽을 5센티미터 간격으로 놓는다. 포크 뒷면을 이용해 반죽 윗부분을 살살 눌러 줄무늬를 만든다.

- 가장자리가 황갈색이 될 때까지 15~17분가량 굽는다. 오븐에서 꺼내 오븐 팬 위에서 몇 분간 식힌다. 살짝 식으면 10등분으로 자른 다음 완전히 식게 둔다(오븐 팬이 하나밖에 없다면 두 번째 반죽을 굽기 전에 팬을 완전히 식혀야 한다).
- 밀폐 용기에 보관한다.

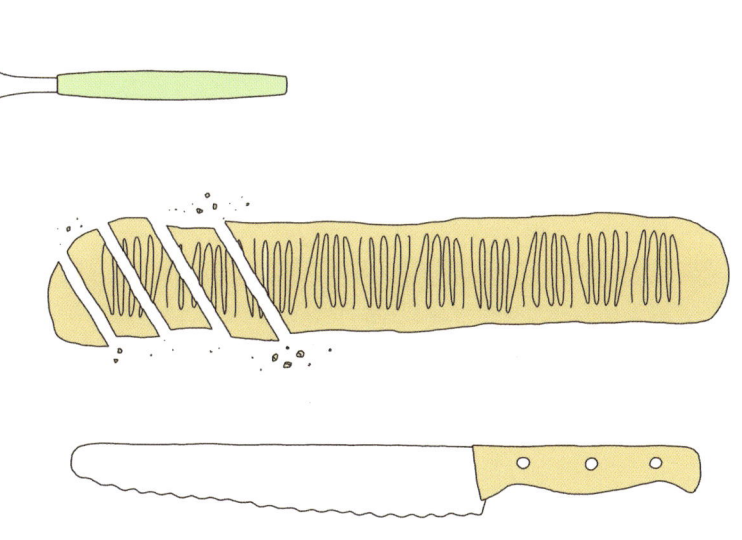

hasselnötsflarn

헤이즐넛 쿠키

하셀뇌츠플라른
30개 분량

하셀뇌츠플라른은 스웨덴 사람들이 보통 집에서 만들어 먹는 메뉴입니다. 만드는 방법이 아주 단순하거든요. 완벽한 쿠키 모둠 접시를 위해 일곱 가지 쿠키를 다 굽겠다는 계획을 세웠다면 한 가지에만 너무 많은 시간을 할애할 수는 없겠죠? 그때 이 쿠키가 빛을 발할 거예요. 하셀뇌츠플라른만큼 만들기 쉬운 쿠키는 없기 때문이죠. 재료는 헤이즐넛가루, 설탕, 버터, 달걀, 약간의 바닐라가 전부예요. 게다가 밀가루가 들어가지 않으니 글루텐 프리죠. 커피와 함께 쿠키를 먹을 때 아이스크림을 곁들이면 더욱 환상적이에요.

- 오븐을 175도로 예열한다. 오븐 팬에 유산지나 실리콘 베이킹 매트를 깐다.
- 냄비에 버터를 넣고 녹인 다음 한쪽에 둔다.
- 푸드프로세서를 이용해 헤이즐넛을 곱게 간다.
- 볼에 달걀을 넣고 저어서 거품을 낸 다음 설탕과 바닐라를 넣어 젓는다. 약간 식은 버터를 넣고 잘 섞는다. 헤이즐넛을 넣은 다음 저어서 반죽이 균일한 상태가 되도록 한다.

재료

무염 버터 1/4컵(57g)
생 헤이즐넛 3/4컵(106g)
달걀 1개
설탕 1/2컵(99g)
천연 바닐라 추출액 1/2작은술

- 반죽을 1작은술 정도씩 떠서 5센티미터 간격으로 오븐 팬 위에 배열한다. 약간 크게 만들고 싶다면 손가락으로 눌러 납작하게 만든다.
- 가장자리가 어두운 황갈색이 될 때까지 8~10분가량 굽는다. 오븐에서 꺼내어 팬 위에 그대로 두고 단단해질 때까지 식힌다.
- 완전히 식으면 바삭한 상태가 유지되도록 밀폐 용기에 넣어 보관한다.

2
'잠깐 멈춤'과 슬로 라이프

바쁜 현대인들에게 커피는 '속도'와 같은 것인지도 모릅니다. 아침에 빨리 잠에서 깨기 위해 황급히 커피를 들이켜고, 어딘가로 바삐 향하면서 종이컵에 든 카페라테를 홀짝거리고, 각성이 필요한 오후가 되면 사무실 한구석 커피메이커에서 온종일 데워진 채로 있던 커피를 따라 마시죠.

    스웨덴에서는 사실상 정반대입니다. 커피를 한잔 마시는 일은 하던 일을 멈추고 여유를 즐기는 훌륭한 구실이 됩니다. 커피가 '잠깐 멈춤'과 '슬로 라이프'를 대변하는 셈이죠. 물론 스웨덴에서도 아침에 흔히 커피를 마시지만 단순히 잠에서 깨기 위해서는 아닙니다. 커피를 마시는 시간은 하루 중에서 아주 중요한 순간이죠. 집에서든 직장에서든 주말에 친구를 만날 때든 마찬가지입니다. 스웨덴 사람들의 삶에서 피카는 훌륭한 영양제와도 같으니까요. 중요한 것은 스웨덴 사람들은 삶을 만끽하기 위해서 무엇보다도 피카를 위한 시간을 따로 마련한다는 것입니다.

피카룸, 직장에서 즐기는 피카

스웨덴의 사무실에는 대부분 피카룸이 갖추어져 있습니다. 피카룸은 보통 팬트리와 주방이 딸린 휴게실로 이곳에 모여 피카를 즐기죠. 커피 한 잔을 앞에 놓고 수다를 떨면서 회사 안의 여러 소문과 최근의 정보들을 주고받는 중요한 자리가 됩니다. 피카로 인해서 사람들은 한곳에 모이고 서로 친밀해집니다. 어느 날 당신이 집에서 시나몬 카다멈 번을 구워 자랑스레 회사에 가지고 간다면 그다음 주쯤에는 누군가 분명히 그 호의에 대한 보답을 해올 것입니다. 다른 사람들은 카다멈으로 무엇을 만드는지 확인할 수 있는 기회이기도 하죠. 만약 한 동료가 동네 슈퍼마켓에서 산 케이크나 쿠키를 내놓는다면 홈베이킹을 하는 동료들의 눈썹이 살짝 올라가는 것을 느낄 수 있을 거예요. 베이킹이 문화의 한 부분인 스웨덴에서는 눈코 뜰 새 없이 바쁘다는 사람들도 시나몬 번이나 초콜릿 케이크를 만들기 위해 일부러 시간을 내기 때문입니다.

삶이 이토록 멋지다는 것을 음미하는 방법

커피는 스웨덴의 뿌리 깊은 전통이며 오랫동안 필터에 내린 진한 블랙 커피를 도자기 잔에 담아 마셨지만, 요즘의 스웨덴 커피 문화는 남유럽의 영향을 많이 받아 대부분의 사람들이 에스프레소를 즐겨 마십니다. 또 스웨덴에서는 케이크와 근사한 페이스트리를 빈티지 스타일의 그릇에 담아서 내놓는 전통적인 콘디토리도 여전히 찾아볼 수 있지만 희고 깨끗한 벽과 세련된 화초, 독특한 패턴의 커튼 등으로 꾸민 스칸디나비아 스타일의 모던한 카페도 많습니다.

'미시그한' 순간

'미시그mysig'라는 스웨덴어가 있습니다. 이 말은 '아늑한' 정도로 풀이할 수 있지만 실제로는 더 폭넓은 의미를 지닙니다. 추운 겨울 눈밭을 쏘다니다가 집에 막 돌아왔을 때 반겨주는 부엌의 온기, 금요일 밤 따뜻한 차 한잔을 홀짝거리며 쿠션을 부둥켜안고 소파에 누워 있을 때의 포근함, 큰 커피 잔과 큼지막한 의자가 놓인 세련된 카페의 온화한 분위기가 바로 '미시그'입니다. 피카를 하면서 얻고자 하는 것이 '미시그한' 순간이고, 그렇기에 미시그와 피카는 떼려야 뗄 수 없는 관계죠.

'미시그'는 '미사mysa'라는 단어에서 유래했습니다. '미사'는 원래 '만족감으로 미소 짓다'라는 뜻이었지만 점차 즐기고, 편히 쉬고, 부둥켜안는 행위를 가리키는 동사로 쓰임이 넓어졌습니다. 한마디로 '미시그'는 누구나 좋아할 만한 의미를 지니고 있기에 커피나 차와 같은 따뜻한 음료나 피카를 완벽하게 설명하는 단어가 된 것이죠. 3월의 비 오는 날이든 7월의 햇빛 쨍쨍한 한낮이든 공간을 미시그하게 꾸미는 일은 피카를 위해 맛 좋은 빵이나 과자를 굽는 것만큼 중요합니다. 따라서 미시그는 호수가 내려다보이는 화강암 절벽 위에 있는 아름다운 장소를 의미하기도 하고 때로는 음식을 차리는 방식이 되기도 합니다. 할머니가 누군가의 생일을 축하하기 위해 멋스러운 골동품 도자기 커피 잔에 커피를 내오는 그런 것 말이죠. 피카를 제대로 즐기고 싶다면 미시그한 분위기를 만들어야 한다는 것을 기억해두기로 해요.

이런 모던한 카페의 메뉴는 좀 더 도시적이고 국제적인 편입니다. 여자 친구들끼리 오후 피카를 할 때는 커피를 테이크아웃 하면서 으레 카운터 위의 바구니에 한가득 쌓여 있는 큼지막한 머핀도 함께 사가곤 하죠. 이곳에서는 에스프레소, 카푸치노, 심지어 케멕스 커피까지 메뉴에 올라와 있지만, 여전히 가장 사랑받는 커피는 깊고 진한 맛에 대해서는 말이 필요 없는 전통적인 드립커피, 즉 '브리그카페bryggkaffe'입니다. 스웨덴 사람들은 언제나 브리그카페를 리필해서 마시는데, 스웨덴어로 리필을 '포토르påtår'라고 하죠. 잔을 세 번째 채운다는 뜻의 '트레토르tretår'라는 표현까지 있는 것을 보면 스웨덴 사람들의 지극한 커피 사랑을 짐작할 수 있습니다.

다른 나라의 카페에서는 노트북 앞에 구부정하게 앉아 일을 하면서 연거푸 잔을 비우는 사람들로 가득한 풍경을 자주 보게 됩니다. 스웨덴에서 카페는 그냥 친구를 만나는 공간입니다. "스카 비 피카Ska vi fika?"는 "새로 생긴 카페에 한번 가볼까?"라는 뜻이 될 수도 있죠. 겨울이면 아늑하고 따뜻하고 조명이 멋진 카페에 들어가 몸을 녹이고 싶어집니다. 여름에는 커피와 물이 담긴 유리 물병, 휘핑크림이 곁들여진 신선한 여름 베리 타르트를 앞에 놓고 근사한 카페 테라스에 앉아 있다면 더할 나위가 없습니다. 피카를 함께하는 것이 한동안 연락하지 못했던 친구를 만나 밀린 이야기를 나누는 시간만은 아닙니다. 피카는 잠시 짬을 내어 삶이 이토록 멋지다는 것을 음미하는 방법이기도 하죠.

여행을 위한 피카

스웨덴 사람이라면 기차나 자동차로 긴 여행을 떠날 때 피카를 염두에 두지 않는 사람이 없을 거예요. 피카는 그 자체로 여행의 큰 부분을 차지합니다. 기차에는 피카 스페셜을 제공하는 식당 칸이 있고, 동전 몇 닢으로 종이컵에 담긴 커피 한 잔과 시나몬 번을 살 수도 있습니다. 하지만 여행을 온전히 누리고 싶다면 여행을 떠날 때 자신만의 피카를 준비할 겁니다. 한나절 여행에서도 마찬가지죠. 여름날 오후, 해변에서 여유를 즐기려면 보온병에 커피를 담고 쿠키를 구워 챙깁니다. 겨울에 크로스컨트리 스키를 하러 떠날 때도 필요한 것은 역시 커피와 쿠키입니다. 여행을 위한 피카 준비라고 다를 게 있을까요? 집 안에서 늘 먹던 것을 그저 밖으로 들고 나가는 것일 뿐이죠.

피카를 하기 위해 새로운 카페를 찾아가는 일은 피카를 직접 준비해서 다니는 것만큼이나 스웨덴 문화의 큰 부분을 차지합니다. 오후에 숲에서 하이킹을 한다면 커피를 보온병에 담고 쿠키나 빵을 구워 호일에 싸고 깔고 앉을 담요 등을 배낭에 챙겨야 합니다. 하지만 한 번도 가본 적 없는 도시를 방문한다면? 그냥 빈손으로 떠나는 거죠. 그곳의 카페를 방문해서 피카를 즐기고 새로운 먹거리를 탐색하는 즐거움을 놓칠 수는 없으니까요. 스톡홀름 같은 대도시와 마찬가지로 스웨덴의 교외에서도 피카는 일상입니다. 베름란드의 내륙 지방에 가게 된다면 지역 수공예품을 전시하려고 여름 휴가철에만 한시적으로 개장한 오래된 농가를 발견할 것이고 그곳에서 벌어지는 피카에 동참하게 될지도 모릅니다. 말뫼에서는 셈라를 가장 잘 만드는 곳을 수소문해서 들러볼 계획을 세울 수도 있죠. 예테보리 시내에서는 사람들로 북적이는 유명한 카페에 비집고 들어가 그곳의 초클라드볼라르가 집에서 만든 것보다 더 훌륭한지 확인해야 할 거예요. 커피를 파는 곳이라면 분명 피카로 곁들일 먹거리가 있을 테고 그것들은 언제나 먹어볼 가치가 충분하니까 말입니다.

Recipes

이번 장에서는 보다 현대적인 빵과 쿠키, 케이크의 레시피를 소개하려 합니다. 현대적 감각으로 유명한 스웨덴 카페의 메뉴에서 영감을 받은 것과 젊은 사람들이 테이크아웃 해서 먹기 좋아하는 피카 먹거리를 결합한 음식입니다. 이 레시피를 직접 시도해보세요. 문득 기차 여행을 떠나고 싶어지거나 갑자기 친구들을 만나 밀린 이야기를 나누고 싶어질지도 모릅니다.

만델카카 • 아몬드 타르트 • 64

하셀뇌츠카카 메드 카페 • 헤이즐넛 커피 케이크 • 66

셰를렉스뭄스 • 초콜릿 커피 케이크 • 68

초클라드비스크비에르 • 초콜릿 버터크림 아몬드 쿠키 • 70

코코스토파르 • 코코넛 쿠키 • 72

초클라드볼라르 • 초콜릿 볼 • 73

클라드카카 • 쫀득한 초콜릿 케이크 • 74

하스트불라르 • 퀵 번 • 76

크로난스 카카 • 아몬드 감자 케이크 • 78

mandelkaka

아몬드 타르트

만델카카

지름 23cm 타르트 1개 분량

마자리너는 스웨덴 사람들이 무척 좋아하는 미니 타르트예요. 속은 아몬드 페이스트로 가득 차 있고 위는 아이싱으로 마무리되어 있죠. 하지만 만드는 데 시간이 꽤 걸리기 때문에 집에서 직접 굽는 일은 드물고, 보통 베이커리에서 사먹는 음식이에요. 그래서 마자리너 대신 보다 간편하게 구울 수 있는 아몬드 타르트 레시피를 알려드리려고 해요. 페이스트리 반죽에 속재료로 아몬드를 넣었다는 점은 동일하지만 훨씬 간단하게 만들 수 있어요. 이 타르트는 오후에 커피 한 잔과 곁들여도 좋고 친구들과 저녁을 먹을 때 디저트로 내놓아도 훌륭합니다.

반죽
밀가루 3/4컵(106g)
설탕 2큰술
무염 버터 5큰술(71g)
달걀노른자 1개

- 반죽을 준비한다. 큰 볼에 밀가루와 설탕을 넣고 섞는다. 여기에 버터를 넣고 손으로 대충 치대 거친 상태의 반죽을 만든다. 달걀노른자를 넣고 반죽해서 공 모양으로 뭉친다. 랩으로 감싸 냉장고에 최소 30분가량 둔다.
- 오븐을 175도로 예열한다. 지름 23센티미터 크기의 파이 팬이나 밑바닥이 없는 스프링폼 팬에 버터를 바르고 밀가루를 뿌려둔다.
- 속재료를 준비한다. 먼저 버터를 녹여 한쪽에 두고 식힌다.

속재료
무염 버터 4큰술(57g)
생 아몬드 1컵(142g)
달걀 1개
달걀흰자 1개
설탕 1/2컵(106g)

- 아몬드를 팬에 넣고 갈색이 될 때까지 살짝 굽는다. 잘 구워진 아몬드를 칼로 잘게 다지거나 푸드프로세서에 넣어 입자가 굵게 간다.

- 큰 볼에 달걀과 달걀흰자, 설탕을 넣고 거품이 일 때까지 거품기로 저어준다. 약간 식힌 버터를 넣고 저은 다음 아몬드를 넣어 부드럽게 될 때까지 섞는다.

- 냉장고에서 차가워진 반죽을 꺼내 밀대로 밀어 약 0.25센티미터 두께로 만들고, 파이 팬에 올려 손으로 눌러준다. 반죽을 밀대로 밀 때 아래위로 랩을 깔면 편리하다. 속재료를 팬의 반죽 위에 부은 후 스패튤러를 사용해 평평하게 만든다.

- 20~25분간 굽는다. 파이 크러스트가 황갈색이 되고 속재료가 굳으면 완성된 것이다. 오븐에서 꺼내어 식힌다.

hasselnötskaka med kaffe

헤이즐넛 커피 케이크

하셀뇌츠카카 메드 카페

지름 23cm 케이크 1개 분량

헤이즐넛 커피 케이크에는 헤이즐넛가루와 갓 추출한 커피가 들어갑니다. 커피와 헤이즐넛이 잘 어우러져 독특한 맛을 내죠. 공기층이 가득해 무겁지 않지만 두툼해서 한 입 베어 먹을 때 충분한 만족감을 느낄 수 있어요. 베이킹파우더로 부푸는 푹신한 케이크와는 달리 달걀흰자의 힘만으로 완벽한 식감을 만들어내지요. 카다멈 케이크(36쪽)와 키누스키 캐러멜 케이크(94쪽)도 역시 같은 방식으로 만듭니다. 헤이즐넛은 스웨덴식 베이킹에서 흔히 사용되는 재료예요. 이 레시피의 핵심은 케이크를 굽기 전에 미리 헤이즐넛을 구워놓아야 한다는 겁니다. 향이 훨씬 좋아지거든요.

- 오븐을 175도로 예열한다. 지름 23센티미터의 스프링폼 팬에 버터를 바르고 밀가루를 뿌린다.
- 냄비에 버터를 넣어 녹이고 한쪽에 두어 식힌다.
- 헤이즐넛이 살짝 갈색으로 변할 때까지 팬에 넣고 굽는다. 구운 헤이즐넛을 푸드프로세서에 넣고 아주 곱게 간다.
- 볼에 달걀노른자와 설탕을 넣고 거품이 일 때까지 거품기로 저어준다.

재료

무염 버터 10 1/2큰술(148g)
생 헤이즐넛 1/2컵(71g)
달걀노른자 3개
설탕 1/4컵(50g)
밀가루 1/2컵(71g)
차가운 커피(에스프레소) 3큰술

소금 1/2작은술
상온 상태의 달걀흰자 3개
머랭에 쓰일 설탕 3/4컵(148g)

설탕은 완전히 녹고 반죽은 연한 색깔을 띠어야 한다. 살짝 식힌 버터를 넣고 거품기로 젓는다. 여기에 체에 거른 밀가루, 헤이즐넛가루, 커피, 소금을 넣어 조심스레 섞는다. 가능하면 최소한으로 휘저어 반죽이 부드럽고 일정한 상태가 되도록 한다.

- 별도의 볼이나 믹서에 달걀흰자를 넣고 거품을 올린다. 거품이 풍성해지고 손가락으로 찍었을 때 끝 부분이 부드럽게 구부러지는 상태가 되면 설탕을 조금씩 추가하면서 계속 거품을 올린다. 거품을 손가락으로 찍어 끝 부분의 꼭지가 단단해지면 머랭이 완성된 것이다.

- 완성된 머랭을 반죽에 넣어 스패튤러로 조심스레 골고루 섞는다. 이때 과하게 젓지 않도록 주의한다. 반죽을 바로 팬에 붓는다.

- 30~40분가량 굽는다. 이쑤시개나 젓가락으로 케이크의 중앙 부분을 찔렀을 때 반죽이 묻어 나오지 않으면 완성된 것이다. 만약 케이크가 너무 빨리 황갈색으로 변하면(굽기 시작하고 20분 후부터 이런 상태로 변할 수 있다) 오븐에서 꺼내어 알루미늄 호일이나 종이 호일로 윗부분을 덮고 다시 오븐에 넣는다. 이렇게 하면 케이크가 타는 것을 방지할 수 있다.

- 케이크를 오븐에서 꺼내두었다가 살짝 식혀 내놓는다.

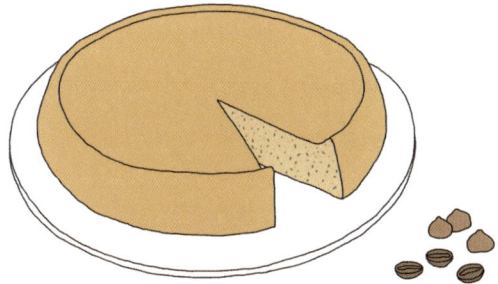

kärleksmums

초콜릿 커피 케이크

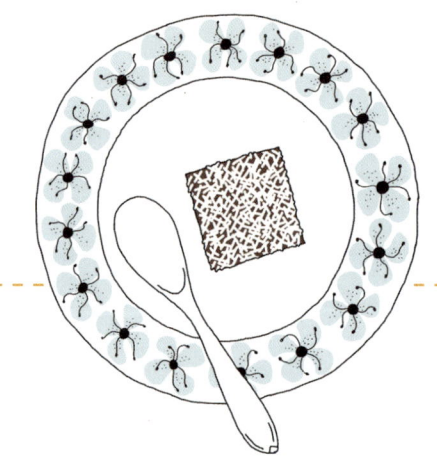

셰를렉스뭄스
24개 분량

집에서 만든 셰를렉스뭄스는 우울할 때 먹으면 위로가 되고, 행복한 마음을 더욱 따뜻하게 데워주는 마법 같은 케이크예요. 다크 초콜릿과 진한 커피의 맛이 완벽한 조화를 이루고 있죠. 스웨덴어로 '뭄스'는 '맛있다'는 뜻이고, 여기에 '셰를레크'라는 단어를 붙이면 '맛있는 것을 사랑하다'라는 의미예요. 오랜 세월을 걸쳐 전해 내려오는 다른 레시피처럼 셰를렉스뭄스를 부르는 이름도 여러 가지랍니다. 피피루토르, 모카루토르, 스노다스…….

원래 아이싱 슈거 프로스팅으로 장식을 하는데, 이 레시피에서는 좀 더 고급스러운 가나슈를 사용해보았어요. 아침에 내린 커피를 몇 술만 남겨두면 오후에 가나슈에 넣어 케이크를 구울 수 있겠죠. 쌀쌀해진 가을 오후에 부쩍 생각나는 케이크랍니다.

- 오븐을 190도로 예열한다. 23×33센티미터 크기의 직사각형 팬에 버터를 바르고 덧가루를 뿌린다.
- 냄비에 버터를 넣어 녹이고 한쪽에 두어 식힌다.

케이크
무염 버터 10큰술(142g)
밀가루 2컵(284g)
무가당 코코아가루 4큰술

베이킹파우더 2작은술
소금 1/2작은술
달걀 2개
설탕 1컵(198g)
우유 3/4컵(180ml)
천연 바닐라 추출액 1작은술

가나슈
생크림 1/2컵(120ml)
차가운 커피 3큰술
카카오 함량 70% 다크 초콜릿 (113g)
버터 2큰술(28g)

토핑
채 썬 무가당 코코넛 약 1/2컵(42g)

- 밀가루, 코코아가루, 베이킹파우더, 소금을 큰 볼에 담는다.
- 별도의 볼에 달걀과 설탕을 넣고 거품이 일 때까지 거품기로 젓는다. 식혀둔 버터와 우유, 바닐라를 넣어 잘 섞는다. 여기에 밀가루 혼합물을 넣어 반죽의 상태가 부드럽고 일정하게 될 때까지 섞는다. 반죽을 팬에 붓는다.
- 12~17분가량 굽는다. 이쑤시개나 젓가락으로 가운데 부분을 찔렀을 때 반죽이 묻어나오지 않으면 완성된 것이다. 오븐에서 꺼내어 식힌다.
- 가나슈를 준비한다. 냄비에 크림과 커피를 넣어 가장자리에서 거품이 올라올 때까지 중간 불로 데운다 약한 불로 줄이고 잘게 자른 초콜릿을 넣어 녹을 때까지 젓는다. 불을 끈 후 버터를 넣고 저어 완전히 녹인다. 1시간가량 식힌다.
- 가나슈를 케이크 위에 펴 바른 다음 채 썬 코코넛을 뿌린다. 사각형 모양으로 24개가 나오도록 균등하게 자른다.
- 밀폐 용기에 넣어 냉장 혹은 냉동 보관한다.

chokladbiskvier

초콜릿 버터크림 아몬드 쿠키

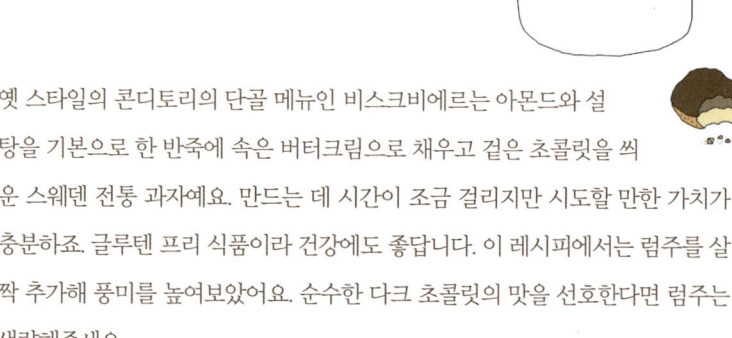

초클라드비스크비에르
20개 분량

옛 스타일의 콘디토리의 단골 메뉴인 비스크비에르는 아몬드와 설탕을 기본으로 한 반죽에 속은 버터크림으로 채우고 겉은 초콜릿을 씌운 스웨덴 전통 과자예요. 만드는 데 시간이 조금 걸리지만 시도할 만한 가치가 충분하죠. 글루텐 프리 식품이라 건강에도 좋답니다. 이 레시피에서는 럼주를 살짝 추가해 풍미를 높여보았어요. 순수한 다크 초콜릿의 맛을 선호한다면 럼주는 생략해주세요.

아몬드의 껍질을 직접 제거할 경우 갈기 전에 아몬드를 면보로 눌러 물기를 없애야 한다는 걸 잊지 마세요. 미리 갈아놓은 아몬드가루를 사용한다면 질감이 다소 거칠고 수분이 부족하게 느껴질 수 있어요. 그럴 경우 반죽에 물을 살짝 뿌려 촉촉하게 해주면 됩니다. 이때 수분을 과하게 넣지 않도록 조심해야 합니다.

- 오븐을 200도로 예열한다. 오븐 팬에 유산지나 실리콘 베이킹 매트를 깐다.
- 아몬드, 설탕, 아몬드 추출액을 푸드프로세서에 넣어 아몬드가 곱게 갈리고 모든 재료가 서로 뭉쳐질 때까지 갈아준다.
- 달걀흰자를 볼이나 믹서에 넣고 거품을 올린다. 손가락으로 찍었을 때 부드

쿠키
껍질 벗긴 아몬드 1컵(142g)
설탕 1/2컵(99g)
천연 아몬드 추출액 1/4작은술
상온 상태의 달걀흰자 1개

속재료

카카오 함량 70% 다크 초콜릿 (70g)
상온 상태의 무염 버터 6큰술(85g)
설탕 2큰술
달걀노른자 1개
럼 2작은술 혹은 레몬 주스나 오렌지 주스 4작은술

토핑

카카오 함량 70% 다크 초콜릿 100~140g

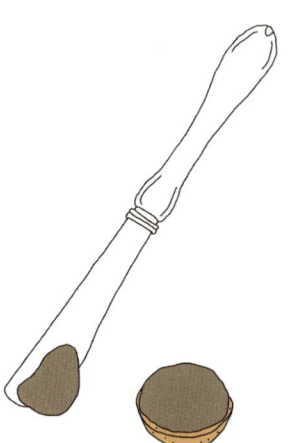

러운 봉우리가 형성될 때까지 계속한다. 달걀흰자와 아몬드 혼합물을 아몬드 페이스트 상태가 될 때까지 스패튤러로 섞는다.

- 반죽을 20개로 균등하게 분할한다. 각각의 반죽을 공 모양으로 만들어 오븐 팬에 올려놓는다. 손으로 살짝 눌러 납작하게 만든다.

- 황갈색이 될 때까지 12~15분간 굽는다. 쿠키를 오븐 팬에서 꺼내 작업대 위에 올려놓고 식힌다.

- 속재료를 준비한다. 초콜릿을 약한 불에서 중탕해 녹인다.

- 별도의 볼에 버터와 설탕, 달걀노른자를 넣어 재료가 잘 섞이고 부드러워질 때까지 저어 크림 상태로 만든다. 럼과 녹은 초콜릿을 넣어 반죽이 부드럽고 일정한 상태가 되도록 섞는다.

- 쿠키가 완전히 식으면 버터크림 속재료를 쿠키의 납작한 윗면에 펴 바른다. 가운데 부분에 좀 더 많이 올려 살짝 봉우리지게 만든다. 완성된 쿠키를 냉장실이나 냉동실에 넣어 속재료가 딱딱해질 때까지 15~30분가량 둔다.

- 토핑을 준비한다. 초콜릿을 약한 불에서 중탕으로 녹인다. 쿠키를 초콜릿에 담가 버터크림까지 완전히 덮이게 한다. 초콜릿 양이 많을수록 쿠키를 담그기 편하다. 토핑이 굳을 때까지 작업대나 접시 위에 둔다.

kokostoppar

코코넛 쿠키

코코스토파르

25~30개 분량

코코스토파르는 고전적인 코코넛 마카롱을 스웨덴식으로 살짝 바꾼 과자예요. 이것 역시 피카 모둠 쿠키의 주요 품목이죠. 이 레시피에 다양하게 변화를 줄 수도 있어요. 갓 갈아낸 생강을 첨가하거나 녹인 다크 초콜릿에 봉우리 부분을 살짝 담그는 식으로 말이죠. 코코스토파르도 글루텐 프리 식품입니다.

- 오븐을 175도로 예열한다. 오븐 팬에 유산지나 실리콘 베이킹 매트를 깐다.
- 냄비에 버터를 넣어 녹인 다음 한쪽에 두고 식힌다.
- 볼에 달걀과 설탕을 넣고 가볍게 거품기로 젓는다. 코코넛과 소금, 약간 식은 버터를 넣어 섞은 후 15분가량 둔다.
- 숟가락으로 반죽 1큰술 정도의 분량을 떠서 오븐 팬 위에 놓는다. 봉우리가 올라오도록 모양을 잡는다.
- 쿠키가 연한 황갈색을 띨 때까지 10~12분 정도 굽는다. 오븐에서 꺼내어 식힌다.
- 밀폐 용기에 넣어 보관한다.

재료

무염 버터 3 1/2큰술(50g)
달걀 2개
설탕 2/3컵(132g)
채 썬 무가당 코코넛 2 1/4컵(191g)
소금 1/4작은술

chokladbollar

초콜릿 볼

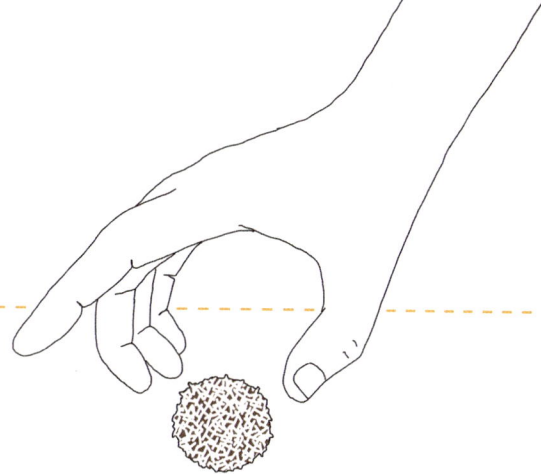

초클라드볼라르

20~25개 분량

초콜릿이 조금 들어가기는 하지만 이 레시피의 주인공은 버터입니다. 버터는 언제나 듬뿍 넣어야 맛있죠. 초클라드볼라르는 대부분의 스웨덴 카페에서 판매하지만 무척 만들기 쉽기 때문에 집에서 많이 만들어 먹는 과자예요. 어디서나 판매하기 때문에 그것으로 카페의 베이킹 솜씨를 평가할 정도로 대표적인 스웨덴의 디저트라고 할 수 있죠. 오트밀을 사용한 글루텐 프리 식품으로, 초콜릿의 부드러운 질감과 오트밀의 씹히는 식감이 아주 훌륭합니다.

재료
오트밀 2컵(198g)
상온 상태의 무염 버터 1/2컵(113g)
설탕 1/4컵(50g)
무가당 코코아가루 1/4컵(21g)
천연 바닐라 추출액 1작은술
소금 1/2작은술
채 썬 코코넛 1/2컵(42g)

- 푸드프로세서에 오트밀을 넣고 펄스 기능을 이용해 입자를 거칠게 간다. 약간 씹히는 맛이 특징이므로 너무 곱게 갈지 않도록 주의한다.

- 볼에 버터와 설탕을 넣고 거품기로 저어 크림 상태로 만든다. 코코아가루와 바닐라 추출액을 넣어 섞는다. 오트밀과 소금을 추가해 손으로 재료를 잘 섞는다.

- 대략 1큰술 정도 크기로 반죽을 떠서 작은 공 모양을 만든다. 반죽을 채 썬 코코넛에 굴려서 표면이 완전히 덮이게 한다.

- 오래 보관하려면 밀폐 용기에 넣어 냉동 보관한다

kladdkaka

쫀득한 초콜릿 케이크

클라드카카

지름 23cm 케이크 1개 분량

클라드카카는 '쫀득한 케이크'라는 뜻이에요. 이름이 이 케이크의 모든 것을 설명하죠. 클라드카카는 스웨덴 홈베이킹의 기본이라서 누구나 재료의 배합률을 기억하고 즉시 만들어낼 수 있는 케이크죠. 대학생들이 밤 새워 놀 때도 빠뜨리지 않고, 생일이나 특별한 행사에서는 방금 휘핑한 생크림을 곁들입니다. 여기서는 전통 레시피의 밀가루 대신 아몬드가루를 사용했어요. 그 결과 씹히는 식감이 더 강해졌지요. 글루텐 프리 음식을 좋아하는 친구들을 위한 완벽한 디저트예요.

- 오븐을 175도로 예열한다. 지름 23센티미터의 스프링폼 팬이나 둥근 케이크 팬에 버터를 바른다.
- 아몬드를 푸드프로세서에 넣고 '거의 곱게' 간다(19쪽 견과류 갈기 참조).
- 냄비에 버터를 넣고 녹인 다음 식힌다.
- 볼에 달걀과 설탕을 넣고 거품기로 젓는다. 여기에 체에 거른 코코아가루와 소금을 넣고 섞는다. 아몬드와 약간 식은 버터를 넣고 반죽이 부드럽게 될 때까지 젓는다.

재료

껍질 벗긴 아몬드 1/2컵(71g)
무염 버터 1/2컵(113g)
달걀 2개
설탕 1컵(198g)
무가당 코코아가루 1/3컵(28g)과 1큰술
소금 1/4작은술
양귀비 씨앗 3~4작은술(참깨나 치아 씨앗 등으로 대체 가능하다)

- 반죽을 팬에 붓고 윗부분에 양귀비 씨앗을 고루 뿌린다. 양귀비 씨앗 대신 참깨나 치아 씨앗 같은 식감이 좋은 다른 재료를 써도 무방하다.
- 15~20분가량 굽는다. 표면은 굳고 케이크의 중앙 부분이 끈적끈적한 상태면 완성된 것이다. 팬의 한쪽을 조심스레 들어 올렸을 때 여전히 흐르는 느낌이 있으면 좀 더 굽는다. 그렇지 않고 고정된 느낌이 들면 완성이다.
- 내어놓기 전에 케이크를 식힌다.

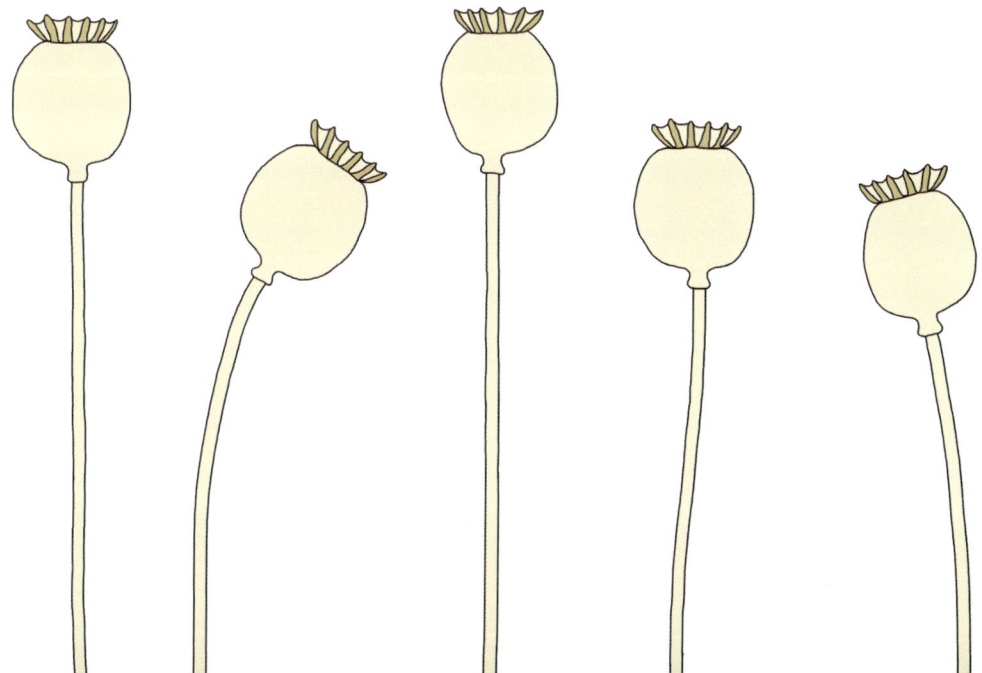

hastbullar

퀵 번

하스트불라르

12~15개 분량

요즘 사람들은 길고 복잡한 음식의 이름을 선호하는 경향이 있지만 대체로 스웨덴의 빵이나 과자, 케이크의 이름은 놀라울 정도로 단순해요. 짧고 달콤한 이름이 모든 것을 말해주죠. 하스트불라르가 그런 경우예요. '불라르'는 '빵'이란 뜻으로 피카 때 흔히 나옵니다. 물론 맛과 형태는 무척 다양하지만요. 베테불라르(32쪽)는 만드는 데 좀 더 노력을 들여야 하지만, 하스트불라르는 간단해요. 그래서 친구들을 초대했는데 피카 먹거리를 준비할 시간이 없는 위기 상황에 요긴하죠. '하스트'는 스웨덴어로 '서두르다', 혹은 '급하다'라는 의미예요. 그러니까 이 빵은 시간이 촉박할 때 단숨에 만들 수 있는 빵이죠. 원래 레시피는 무척 단순하지만 여기서는 말린 무화과와 구운 헤이즐넛을 넣어 조금 변화를 주었어요.

반죽
밀가루 2컵(284g)
으깬 카다멈 씨앗 2작은술
베이킹파우더 2작은술
설탕 1/4컵(50g)
무염 버터 7큰술(99g)
잘게 다진 건 무화과 1/2컵(75g)
달걀 1개
우유 3/4컵(180ml)

토핑
푼 달걀 1개
구워서 다진 헤이즐넛 1/4컵(35g)
혹은 펄 슈거

- 오븐을 220도로 예열한다. 머핀 팬이나 일반 오븐 팬에 종이 베이킹 컵을 깐다. 종이 베이킹 컵이 없어도 무방하지만 있으면 좀 더 예쁜 모양으로 만들 수 있다. 유산지나 실리콘 베이킹 매트로 대체 가능하다.
- 밀가루와 베이킹파우더, 으깬 카다멈, 설탕을 큰 볼에 넣어 섞는다. 잘게 자른 버터를 넣고 손가락 끝으로 치대 반죽이 거친 상태가 되도록 한다. 무화과를 넣고 골고루 섞는다.
- 작은 볼에 달걀 1개와 우유를 넣어 거품기로 젓는다. 이것을 밀가루 반죽에 넣어 고루 섞는다. 반죽은 끈적끈적한 상태가 된다. 큰 숟가락으로 반죽을 푹 떠서 종이 베이킹 컵에 담는다.
- 푼 달걀을 반죽 표면에 바른 다음 헤이즐넛을 뿌려준다.
- 반죽의 윗부분이 황갈색이 될 때까지 10~15분가량 굽는다. 오븐에서 꺼내어 식힌다. 바로 먹거나 밀폐 용기에 넣어 냉동 보관한다.

kronans kaka
아몬드 감자 케이크

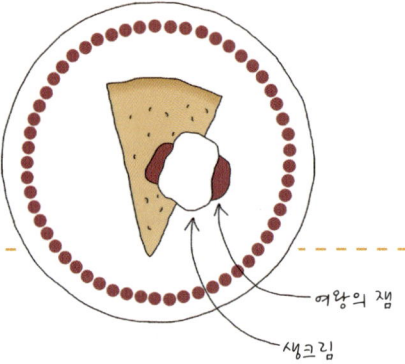
여왕의 잼
생크림

크로난스 카카
지름 23cm 케이크 1개 분량

19세기 후반 스웨덴에서는 흉작이 들어 밀 수급에 극심한 차질이 빚어졌습니다. 이때 밀가루 대신 으깬 감자로 크로난스 카카를 만들어 먹기 시작했지요. 이 케이크는 스웨덴의 주식인 삶은 감자를 활용하여 색다른 맛을 내면서도 든든한 음식이었어요. 지금은 밀가루를 아껴 써야 할 이유가 없지만 감자 케이크는 새롭기도 하고 글루텐 프리 식단을 먹는 사람들에게도 완벽한 음식이 되죠.

크로난스 카카는 그냥 먹어도 되지만 신선한 과일, 휘핑크림이나 생크림, 여왕의 잼(97쪽), 루바브 콤포트(86쪽) 같은 다양한 토핑을 곁들여도 좋아요. 또 생 아몬드 대신 구운 아몬드나 껍질을 벗긴 아몬드를 갈아서 사용하면 색다른 맛을 느낄 수 있습니다.

재료
상온 상태의 무염 버터 7큰술(99g)
설탕 1/2컵(99g)
달걀 2개
곱게 간 생 아몬드 1컵(142g)
레몬 제스트(1~2큰술)
중간 크기의 삶은 감자 2개(200g)

- 오븐을 175도로 예열한다. 지름 23센티미터의 둥근 팬에 버터를 바르고 밀가루를 뿌린다.
- 볼에 버터와 설탕을 넣고 크림 상태가 되도록 섞는다. 달걀을 한 번에 하나씩 넣으면서 부드러운 질감이 될 때까지 계속 거품기로 젓는다. 아몬드와 레몬 제스트를 넣고 저어 반죽을 매끈한 상태로 만든다.
- 페이스트리 블렌더 혹은 포테이토 매셔로 큰 덩어리 없이 부드러워질 때까

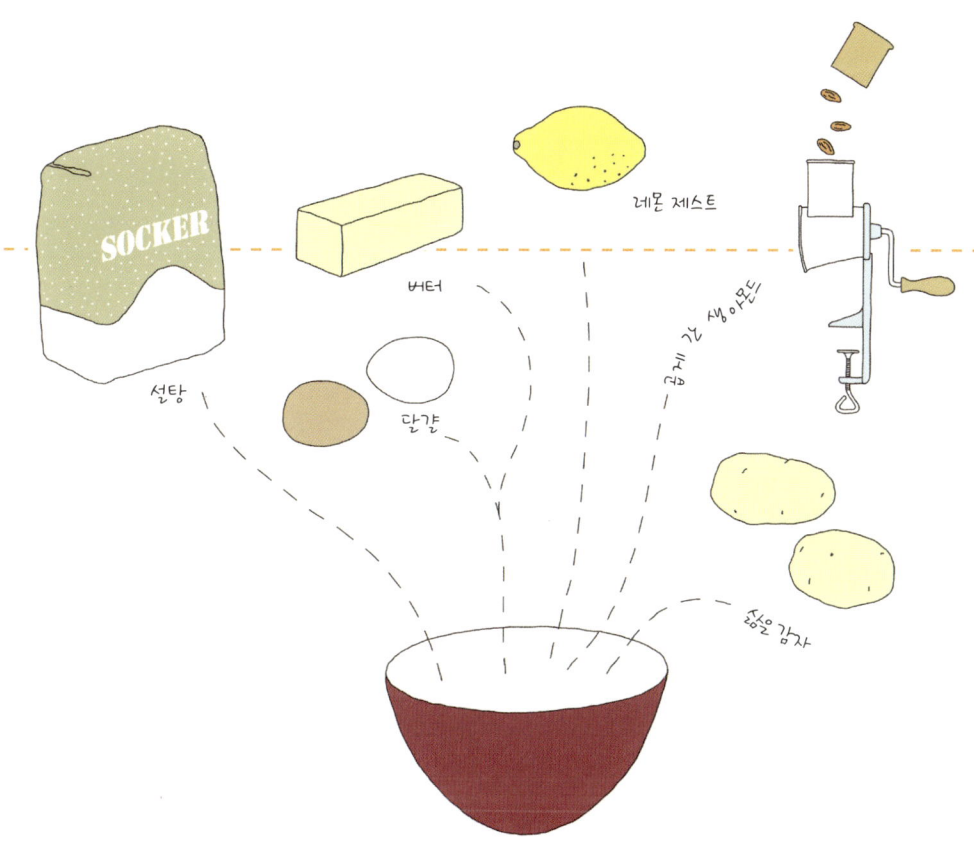

지 감자를 으깬다. 이것을 반죽에 넣고 잘 섞는다.

- 팬에 반죽을 부어 윗부분이 황갈색이 될 때까지 40~50분가량 굽는다. 만약 케이크가 너무 빨리 황갈색으로 변하면(30분 정도가 지나면 이런 현상이 나타날 수 있다) 오븐에서 꺼내어 알루미늄 호일이나 종이 호일로 덮은 다음 다시 오븐에 넣는다. 이렇게 하면 윗부분이 타는 것을 방지할 수 있다.

- 식은 다음 잘라서 내놓는다.

3
야외 활동과 피카

눈에 띄게 낮이 길어지고 밤은 점점 짧아집니다. 따뜻하고 부드러운 바람이 바닷물의 짠 내, 신선한 베리와 야생화의 향기를 싣고 옵니다. 가능하기만 하다면 언제나 야외에서 음식을 먹고 맨발로 며칠이고 돌아다니고 싶은 계절. 바로 스웨덴의 여름입니다.

스웨덴의 여름은 하지를 알리는 미드솜마르midsommar 축제와 함께 시작됩니다. 7월과 8월 여름 휴가철에 사람들은 집을 떠나 여름 별장에서 지내면서 이 기간만큼은 해가 쨍쨍하기를 간절히 기원하죠. 길고 긴 겨울 끝에 맞는 여름, 스웨덴 사람들의 정신은 힘껏 기지개를 켭니다. 대대로 조용하고 내성적인 이 북쪽 사람들이 그제야 좀 느긋해지는 것입니다. 여름 밤, 집집마다 정원 문은 활짝 열려 있고, 피카를 위해 마련된 커피는 풍요롭게 넘쳐 흐릅니다.

대부분의 스웨덴 사람들은 여름이면 최소한 한 달 정도의 휴가를 가집니다. 그러니 여름은 드디어 긴 휴가를 즐길 수 있다는 부푼 기대와 함께 찾아오기 마련이죠. 아침에 해가 커튼 사이로 고개를 내밀어도 여유를 부리며 침대에서 신문을 읽고, 오후에는 야생 베리를 따러 숲으로 나설 수 있다는 기대 말입니다. 햇볕이 좋은 날이면 최대한 오랜 시간을 야외에서 보내려고 합니다.

베리를 채취하는 데만 여름 휴가의 며칠이 훌쩍 지나갑니다. 어떤 이는 집 뒷마당에 구스베리와 블랙커런트 덤불이 자라는 행복을 누리기도 하지만, 마음껏 딸기를 따갈 수 있는 들판이나 블루베리가 흔하게 자라는 숲을 찾아내는 것도 그리 어렵지 않습니다. 베리를 딴 후 집에 돌아오면 손가락은 물들어 있게 마련이고 묵직해진 바구니마다 맛있게 만들어달라고 아우성치는 계절의 풍요가 가득합니다. 따면서 다 먹어 치우지 않았다면 말이죠.

이렇게 시간을 지내다 보면 계절은 스웨덴 사람들이 여름만큼이나 좋아하는 가을로 기웁니다. 여름에 비해 기온은 낮지만 해는 여전히 쨍쨍하죠. 이때는 언제든지 숲에 가서 야생 버섯을 채취할 수 있도록 스웨터와 부츠를 준비합니다. 나무에서 갓 딴 신선한 사과로 케이크를 굽고, 다가올 추위를 대비하며 겨울을 날 준비를 시작합니다.

여름 향기를 품은 음식들 | 잼과 코디얼 만들기

유럽의 다른 나라들과 마찬가지로 스웨덴에도 겨울에 먹을 잼을 만드는 전통이 있습니다. 잼과 코디얼에는 여러 가지 베리, 과일, 심지어 꽃도 들어갑니다. 잼과 코디얼은 지나간 여름의 향기를 가득 품게 되죠. 춥고 어두운 계절을 대비해 여름의 풍미를 저장해두는 것이라고 할 수 있습니다.

신선한 베리를 활용하는 방법으로 잼 말고도 '사프트saft'라는 스웨덴의 전통 음료가 있습니다. 과일 농축액을 물과 섞어 마시는 코디얼이죠. 슈퍼마켓에서도 흔히 볼 수 있지만 집에서 만든 것이 단연 맛이 좋습니다. 베리가 걸쭉하고 달콤하게 농축될 때까지 졸여서 만드는 사프트는 아이들도 무척 좋아해서 아이들의 여름 소풍 도시락에 절대 빠트리면 안 되는 품목이기도 합니다.

어떤 날의 피카 | 야외에서, 실내에서 누리는 피카

여름은 야외에서 피카를 하는 계절입니다. 무더운 날 오후에 둥근 시나몬 번을 한 입 베어 물고 시원한 루바브 코디얼이 가득 담긴 피처를 곁들이면 천국이 따로 없죠. 스웨덴의 교외에서는 여름에만 농가를 개방해서 피카를 위한 카페로 활용하기도 합니다. 아늑한 농가의 정원에서 신선한 빵과 진한 커피, 홈메이드 과자나 케이크를 먹으며 피카를 즐기는 일은 아주 특별한 경험이 됩니다. 아이들을 데리고 바다나 호숫가로 나가 오후를 보낼 수도 있고요. 아이들이 물놀이 하느라 정신없는 동안 어른들은 돗자리를 깔고 먹을거리를 꺼내 피카를 준비합니다. 도시에 사는 사람들도 여름에는 야외에서 자주 모임을 갖습니다. 그러니 멋진 테라스가 없는 카페라면 여름에는 가야 할 이유가 전혀 없습니다. 여름에는 태양과 따뜻한 바람을 마음껏 즐겨야 하니까요.

비가 오는 여름날의 피카는 가을과 겨울의 피카처럼 아늑한 실내에 모여 창문으로 비가 방울져 내리는 것을 바라보면서 이야기 나눌 수 있는 아늑한 시간을 만들어줍니다. 바닥에 담요를 펼쳐놓고 프리스카카(100쪽) 몇 조각을 내놓으면 우중충하고 눅눅한 여름날도 피카를 즐기기에 나쁘지 않다는 사실을 깨닫게 되죠.

가을이 오면 커피를 넣은 보온병과 스웨터를 챙겨 사과를 따러 갑니다. 온화함과는 정반대의 기후 조건을 견뎌온 스웨덴 사람들은 까다롭지 않습니다. 울 스웨터를 껴입고 목도리를 칭칭 감싼 채라 하더라도 야외에 있을 수만 있다면 여름날 햇볕 아래에서 일광욕을 하는 것만큼이나 행복해하는 사람들이죠. 중요한 것은 야외에서 시간을 보내는 것 자체입니다. 해가 떠 있기만 한다면 기온이 얼마나 떨어지든 우선 햇살을 즐겨야 합니다. 여름과 가을은 야외에서 모험을 할 기회가 많기도 하지만 초여름 루바브 줄기에서부터 가을 사과에 이르기까지 먹거리가 풍성한 덕분에 누구나 사랑하는 계절입니다.

Recipes

여름은 파티의 계절이자 너그러움의 시간입니다. 밤늦도록 놀다가 다음 날 늦잠을 자고, 배가 터질 정도로 루바브를 먹어둡니다. 그러다 보면 곧 가을이 와서 사과를 수확하고 야생 버섯을 캐러 다녀야 하죠. 여기서 소개할 레시피는 시골을 돌아다니며 베리를 채취하고 정원에서 과일을 수확했던 여름날의 야외 활동에서 떠올린 것이에요. 직접 과일을 수확하는 것이 불가능하다면 시장에서 평소보다 좀 더 많이 사놓으면 됩니다. 만들다 보면 정말 맛있어서 늘 부족하게 느껴지기 때문이죠.

라바르베르콤포트 · 루바브 콤포트 · 86

라바르베르사프트 · 루바브 코디얼 · 88

플레데르사프트 · 엘더플라워 코디얼 · 90

할론파이 메드 바닐리소스 · 바닐라 소스를 곁들인 라즈베리 파이 · 92

키누스키카카 · 키누스키 캐러멜 케이크 · 94

드로트닝쉴트 · 여왕의 잼 · 97

만델카카 메드 비엔베르 · 블랙베리 아몬드 케이크 · 98

프리스카카 · 사과 케이크 · 100

rabarberkompott

루바브 콤포트

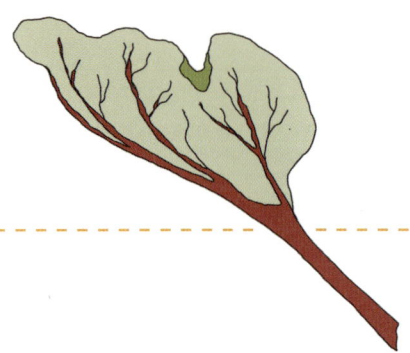

라바르베르콤포트

480ml 병 1개 분량

집 앞마당에서 수확한 것이든 시장에서 산 것이든 신선한 루바브가 있다면 뭐든 한결 멋진 먹거리를 만들 수 있어요. 루바브를 활용하는 가장 쉬운 방법은 콤포트로 만드는 것이에요. 나중에 피카를 할 때 다양하게 즐길 수 있는 좋은 메뉴죠. 스웨덴 사람들은 루바브 콤포트를 디저트로도 먹고 심지어는 식사 때도 곁들입니다. 아침 식사로 요거트나 오트밀을 먹을 때 조금 넣으면 상큼한 맛이 나고, 만델 무슬로르(130쪽)에 약간의 휘핑크림과 같이 얹어 먹으면 간단한 여름 디저트로도 손색이 없어요. 루바브는 본래 아주 시큼하기 때문에 이 콤포트 역시 신맛이 좀 강해요. 하지만 스웨덴 사람들은 그 맛을 즐기죠. 신맛을 누그러뜨리고 좀 더 달콤하게 만들고 싶다면 설탕을 추가하면 됩니다.

재료
루바브 줄기 10~12개(1kg)
신선한 민트 잎줄기 3개
설탕 1 1/4컵(248g)

- 루바브 줄기를 씻은 다음 작은 칼로 줄기의 껍질을 벗겨내고 다져서 민트와 함께 냄비에 넣는다. 그 위에 설탕을 붓는다.

- 중간 불과 센 불 사이에 올려놓고 살살 저으며 완전히 끓어오르게 둔다. 곧 루바브 줄기에서 수분이 빠져나오므로 물을 따로 첨가할 필요는 없다. 표면에 떠오르는 불순물과 거품을 걷어낸다. 루바브가 완전히 물러지고 설탕이

다 녹을 때까지 중간 불에서 계속 저어준다.

- 콤포트를 블렌더에 넣고 곱게 갈아준다. 그것을 냄비에 넣어 몇 분 정도 더 끓인 다음 바로 소독한 병에 넣는다. 뚜껑을 닫고 뒤집으면 진공 상태가 된다. 그 상태로 완전히 식힌다.
- 냉장고에 보관해서 일주일 내로 모두 먹는다. 더 오래 두고 싶다면 냉동 보관한다.

rabarbersaft

루바브 코디얼

라바르베르사프트

750ml 2병 분량

루바브를 간편하게 활용하는 또 다른 방법은 코디얼을 만드는 것입니다. 코디얼은 여름 피카에서 커피를 대신할 수 있는 색다른 음료죠. 정원에서 라바르베르사프트를 채운 피처와 베테불라르를 한 바구니 가득 담아내면 금세 피카 준비가 끝납니다. 코디얼에 라임과 민트, 진, 토닉 워터를 섞어서 여름 칵테일을 만들면 모두들 탄성을 지를 거예요.

- 루바브 줄기를 씻어 작게 자른다. 이때 껍질을 제거할 필요는 없다. 바닥이 넓은 냄비에 물과 함께 넣는다. 루바브가 다 물러질 때까지 약한 불로 졸인다. 표면에 떠오르는 거품을 걷어낸다.
- 다 졸인 루바브를 면보에 받쳐 거른다. 걸러낸 주스에 설탕, 정향, 계피를 넣고 끓인다. 설탕이 완전히 녹으면 불을 끈다. 정향과 계피를 제거하고 소독한 병에 따른다. 병 끝까지 가득 차도록 따른 다음에 병을 곧바로 봉한다.

재료

루바브 줄기 10~12개(약 1kg)
물 6 1/3컵(1500ml)
설탕 2 1/2컵(496g)
정향 5개
계피 막대 1개

- 코디얼은 냉장 보관하고 6주 안에 다 먹는 것이 좋다. 더 오래 두고 싶다면 통에 담아서 냉동 보관하고 그때그때 필요한 만큼만 꺼내 먹는다.
- 코디얼을 마실 때는 물이나 스파클링 워터로 희석한다. 희석 비율은 코디얼:물을 1:4로 하면 적당하다.

flädersaft

엘더플라워 코디얼

플레데르사프트

750ml 병 4개 분량

만약 이 세상에 스웨덴의 맛이라는 게 있다면 그건 바로 플레데르사프트일 거예요. 이 전통적인 여름 음료는 스웨덴 어디에서든 살 수 있지만 집에서 만든 것과는 비교할 수가 없죠. 엘더플라워는 정원에도 있고 야생에도 흔한 꽃이에요. 스웨덴 사람들이라면 엘더플라워를 채취할 수 있는 덤불의 위치를 몇 군데 정도는 알고 있죠. 스웨덴이 아닌 곳에서도 엘더플라워를 직접 채취해서 만들면 피카가 무척 특별해질 거예요.

- 포크나 가위를 이용해 엘더플라워 꽃대에서 작은 꽃을 분리한다. 레몬을 통째로 끓는 물에 데친 다음 베이킹 소다와 식초로 세척한다. 레몬의 물기를 닦아내고 얇게 저민다. 꽃과 레몬 저민 것을 깨끗한 통에 담는다.
- 냄비에 물을 끓이고 설탕을 넣는다. 설탕이 완전히 녹으면 구연산을 넣고 젓는다.
- 끓인 설탕물을 꽃과 레몬 위에 바로 붓는다. 뚜껑을 덮어서 시원한 곳에 3~4일 정도 둔다. 이때 꽃과 레몬이 완전히 잠기도록 해야 한다. 잠기지 않을 경우 접시를 위에 올려 눌러준다.

재료

엘더플라워 40대
레몬 4개
물 8 1/2컵(2000ml)
설탕 10컵(2kg)
구연산 2작은술(30g)

- 체에 건더기를 거른 다음 살균한 병에 붓는다. 냉장고에서 최대 6주까지 보관할 수 있다. 더 오래 두고 싶다면 플라스틱 통에 넣어 냉동 보관하고 그때그때 필요한 만큼 꺼내 쓴다.
- 코디얼을 만드는 비율은 코디얼:물 혹은 탄산수를 1:4로 하면 적당하다.

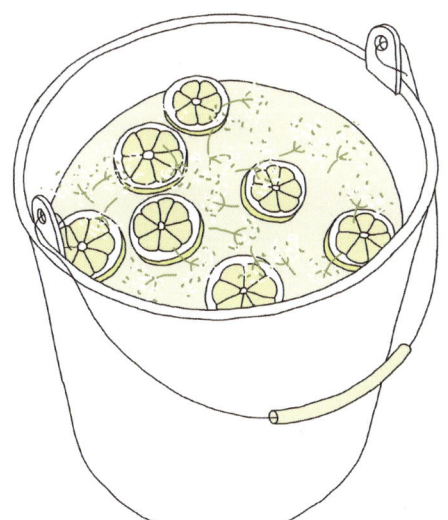

엘더플라워는 우리나라에서 딱총나무꽃으로 불립니다. 봄에 딱총나무 묘목을 2~3그루 구입해 심으면 5~6월에 꽃을 수확할 수 있죠. 생산자가 직접 판매하기도 하니 구하기 어렵지 않을 거예요(옮긴이).

hallonpaj med vaniljsås

바닐라 소스를 곁들인 라즈베리 파이

할론파이 메드 바닐라소스

지름 25cm 파이 1개 분량

신선한 여름 라즈베리로 만든 파이를 상상해보세요. 떠올리기만 해도 입 안에 침이 고이지 않나요? 이 레시피는 요한나의 엄마 모나의 친구 분이 굽던 사과 파이에서 영감을 받았습니다. 우리는 라즈베리가 최고라고 생각하기 때문에 사과 대신 라즈베리로 응용해봤죠. 마무리로는 고전적인 바닐라 소스를 얹어보았어요. 스웨덴에서는 보통 과일 파이에 바닐라 소스를 곁들이거든요.

- 볼에 버터와 설탕을 넣고 저어 크림 상태로 만든다. 여기에 달걀과 바닐라 추출액을 넣고 잘 섞는다.
- 별도의 볼에 밀가루와 베이킹파우더를 섞고 버터 혼합물에 붓는다. 손으로 공 모양이 될 때까지 치댄 후 반죽을 기다랗게 만든다. 이렇게 하면 반죽이 차가워졌을 때 밀대로 작업하기가 쉽다. 랩에 싸서 냉장고에 최소 30분가량 둔다.
- 오븐을 175도로 예열한다. 지름 25센티미터의 스프링폼 팬에 버터를 바르고 밀가루를 뿌린다.
- 반죽의 2/3를 밀대로 밀어 지름 25센티미터, 두께 0.25센티미터보다 약간

반죽
상온 상태의 무염 버터 9큰술 (128g)
설탕 1/2컵(99g)
달걀 1개
천연 바닐라 추출액 1/4작은술
밀가루 1 3/4컵(248g)
베이킹파우더 1 1/2작은술

속재료
신선한 라즈베리 약 4컵(510g)
설탕 2큰술

바닐라 소스

바닐라 빈 큰 것 1개(바닐라 추출액 1작은술로 대체)
우유 3/4컵(180ml)
생크림 1 1/4컵(300ml)
달걀노른자 3개
설탕 1/3컵(66g)

- 두꺼운 원으로 만든다. 아래위로 랩을 깔고 밀면 편하다. 완성된 반죽을 팬 위에 올린다. 라즈베리를 그 안에 붓고 설탕을 위에 뿌린다.

- 나머지 반죽을 같은 두께로 민다. 페이스트리 커터나 칼을 사용해 반죽을 1센티미터 간격으로 길게 자른다. 띠 모양의 반죽을 라즈베리 위에 격자무늬 형태로 교차하여 올린다.

- 30~40분간 굽는다. 라즈베리 즙이 보글보글 끓어오르고 파이가 황갈색이 되면 완성된 것이다. 만약 너무 일찍 갈색으로 변하면(오븐에 들어가고 15분 후에 이렇게 될 수 있다) 알루미늄 호일이나 종이 호일로 위를 덮은 다음 다시 오븐에 넣는다.

- 오븐에서 꺼내어 식힌다.

- 바닐라 소스를 만든다. 먼저 바닐라 빈을 세로로 반 잘라 냄비에 넣는다. 여기에 우유와 생크림을 넣고 끓인다. 끓으면 불을 끄고 15분간 식힌다.

- 볼에 달걀노른자와 설탕을 넣고 거품이 일 때까지 거품기로 젓는다. 이것을 식은 바닐라 혼합물에 넣고 약한 불과 중간 불 사이에서 끓어오르지 않도록 뭉근히 열을 가한다. 소스가 걸쭉해질 때까지 약 2분간 계속 저어준다. 오래 익힐수록 소스보다는 커스터드에 가까운 상태가 된다. 바닐라 빈을 제거하고 냉장고에 넣어 식힌다.

- 파이에 바닐라 소스를 곁들여 내놓는다. 위에 올려도 되고 옆에 곁들여도 좋다. 소스는 냉장고에서 1~2일 정도 보관 가능하지만 신선할 때가 가장 맛있다.

kinuskikaka

키누스키 캐러멜 케이크

키누스키카카

지름 23cm 케이크 1개 분량

핀란드에서 유래한 키누스키카카는 핀란드어로 '키누스키'라고 불리는 두꺼운 캐러멜로 토핑을 한 케이크예요. 이 레시피는 요한나의 핀란드계 친척인 오스트렘스에게 배웠어요. 무척 달콤한 만큼 열량이 아주 높아서 안타깝게도 맘 놓고 실컷 먹을 수는 없지요. 단맛을 상쇄하려고 스웨덴 사람들이 좋아하는 링곤베리를 넣어보았어요. 링곤베리의 신맛이 달콤한 캐러멜과 어우러져 독특하고도 맛있는 케이크가 되었답니다. 링곤베리를 구할 수 없다면 레드커런트나 라즈베리로 대신해도 좋아요.

- 오븐을 175도로 예열한다. 지름 23센티미터의 스프링폼 팬에 버터를 바르고 밀가루를 뿌린다.
- 냄비에 버터를 넣어 녹이고 한쪽에 두어 식힌다.
- 아몬드를 푸드프로세서에 넣어 '거의 곱게' 간다.
- 볼에 달걀노른자와 설탕을 넣고 거품이 일 때까지 거품기로 휘젓는다. 설탕이 완전히 녹고 혼합물의 색이 좀 더 옅어져야 한다. 여기에 식혀둔 버터를 붓고 좀 더 젓는다. 체에 거른 밀가루, 갈아둔 아몬드, 아몬드 추출액, 소금

케이크

무염 버터 10 1/2큰술(148g)
껍질 벗긴 아몬드 1컵(142g)
상온 상태의 달걀노른자 3개
설탕 1/4컵(50g)
밀가루 1/2컵(71g)
아몬드 추출액 1/4작은술
소금 1/4작은술
상온 상태의 달걀흰자 3개
머랭에 쓰일 설탕 3/4컵(148g)

키누스키(캐러멜)
생크림 1컵(240ml)
설탕 1컵(198g)

토핑
링곤베리(혹은 레드커런트나 라즈베리) 한 줌

- 을 반죽에 넣는다. 최소한으로 섞어서 반죽을 부드럽고 일정한 상태로 만든다.
- 이제 머랭을 만든다. 별도의 볼이나 믹서에 달걀흰자를 넣고 거품을 올린다. 거품이 풍성해지고 손가락으로 찍었을 때 끝부분이 부드럽게 구부러지는 상태가 되면 설탕을 조금씩 추가하면서 계속 거품을 올린다. 거품을 손가락으로 찍어 끝부분의 꼭지가 단단해지면 머랭이 완성된 것이다.
- 머랭을 반죽에 넣고 골고루 잘 섞이도록 접듯이 섞는다. 너무 많이 젓지 않도록 주의한다. 곧바로 케이크 팬에 붓는다.
- 30~40분가량 굽는다. 이쑤시개나 젓가락으로 가운데를 찔렀을 때 반죽이 묻어나오지 않으면 완성된 것이다. 만약 케이크가 너무 빨리 갈색으로 변하면(약 20분 후쯤 이렇게 될 수 있다) 오븐에서 꺼내 알루미늄 호일이나 종이 호일로 덮어서 다시 오븐에 넣는다.
- 케이크를 오븐에서 꺼내 식힌다. 식으면 틀에서 뺀다.
- 키누스키를 만든다. 냄비에 크림과 설탕을 같이 넣고 끓인다. 끓기 시작하면 중간 불에서 30~40분간 걸쭉해질 때까지 계속 저어준다. 키누스키가 완성되었는지 확인하려면 숟가락을 담갔다가 뺀 다음 몇 분간 식힌다. 질감이 캐러멜과 비슷하게 걸쭉하고 숟가락에 달라붙어 있으면 키누스키가 완성된 것이다.

- 불을 끄고 키누스키를 살짝 식힌다. 약간 따뜻하고 살짝 흐르는 상태일 때 조금씩 케이크 위에 붓는다. 붓는 과정에서 키누스키는 좀 더 단단해질 것이다. 완전히 식힌다.
- 링곤베리를 케이크 위에 올린다. 잘라서 내놓는다.
- 키누스키가 남았다면 유리병에 보관한다. 아이스크림에 올리거나 쿠키에 발라 먹으면 좋다.

우리나라에서는 링곤베리를 구하기 무척 어렵기 때문에 산딸기로 대체할 것을 권합니다(옮긴이).

drottningsylt

여왕의 잼

드로트닝쉴트

473ml 병 1개 분량

블루베리와 라즈베리를 반반 섞어서 만든 드로트닝쉴트는 스웨덴을 대표하는 잼입니다. 색깔이 아름답고 맛도 근사해서 이름 그대로 '여왕의 잼'이라 불릴 만하지요. 잼이 들어간 엄지 쿠키(46쪽)를 만들 때 아주 잘 어울리고, 5장에서 소개할 빵이나 크래커를 먹을 때 스프레드로 곁들이면 크래커가 금방 바닥날 거예요. 신선한 베리를 구할 수 없다면 냉동 베리로 만들어도 좋습니다.

재료

신선한 라즈베리 2컵(225g)
신선한 블루베리 1컵(141g)
설탕 3/4컵(148g)

- 라즈베리와 블루베리, 설탕을 중간 크기의 냄비에 넣고 끓인다. 끓기 시작하면 중간 불에서 걸쭉한 상태가 될 때까지 과즙의 정도에 따라 약 15~30분간 익힌다(걸쭉한 정도를 확인하려면 냉동실에 넣어 차가워진 작은 접시에 잼 한 술을 올린다. 몇 분 후에 잼을 손가락으로 눌러본다. 젤 상태가 되어 표면에 주름이 지면 완성된 것이다. 만약 여전히 수분이 많다면 원하는 상태가 될 때까지 좀 더 졸인다).

- 불을 끄고 완성된 잼을 소독한 병에 붓는다. 뚜껑을 닫고 병을 뒤집어 진공 상태로 만든 다음 완전히 식힌다. 냉장실에 넣어 한 달 정도 보관이 가능하다. 더 오래 두고 싶다면 냉동 보관한다.

우리나라에서 신선한 라즈베리를 구하기는 어렵기 때문에 산딸기로 대체하거나 냉동 라즈베리를 사용하기를 권합니다(옮긴이).

mandelkaka med björnbär

블랙베리 아몬드 케이크

만델카카 메드 비엔베르
지름 23cm 케이크 1개 분량

무더운 여름에는 온종일 주방에서 케이크를 구우며 시간을 보내고 싶지는 않을 거예요. 그러니까 간단한 재료로 순식간에 완성이 되고, 베리의 종류에 따라 쉽게 변화를 줄 수 있는 케이크 레시피를 알고 있으면 좋겠죠? 애너의 이모 로타가 알려준 블랙베리 아몬드 케이크가 바로 그런 메뉴랍니다. 블랙베리로 만들어도 되고 라즈베리, 블루베리, 반으로 자른 자두를 넣어도 훌륭하죠. 그냥 먹거나 휘핑크림을 곁들여도 되고 계핏가루나 설탕을 살짝 뿌려도 맛있어요.

- 오븐을 200도로 예열한다. 지름 23센티미터의 둥근 케이크 팬에 버터를 바르고 밀가루를 뿌린다.
- 작은 냄비에 버터를 넣어 녹인 다음 한쪽에 두어 식힌다.
- 큰 볼에 달걀, 설탕, 아몬드 추출액을 넣고 거품이 날 때까지 거품기로 젓는다. 식은 버터를 넣고 잘 섞이도록 저어준다. 체에 거른 밀가루를 넣고 반죽이 부드럽고 걸쭉해질 때까지 섞는다.

재료
무염 버터 6큰술(85g)
달걀 2개
설탕 3/4컵(148g)
아몬드 추출액 1작은술
밀가루 1컵(142g)
신선한 블랙베리 1컵(113~142g)

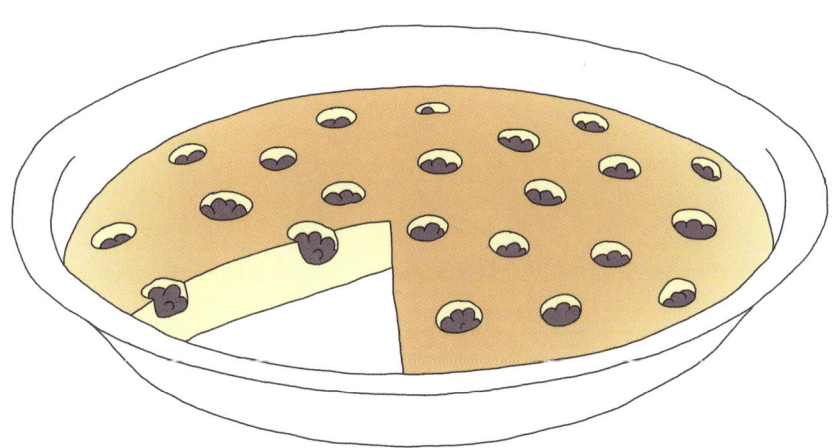

- 반죽을 케이크 팬에 붓는다. 블랙베리를 위에 고르게 뿌린다. 구워지면서 블랙베리가 자연스럽게 내려앉으므로 일부러 누를 필요는 없다.

- 황갈색이 될 때까지 20~30분가량 굽는다. 이쑤시개나 젓가락으로 가운데 부분을 찔러보았을 때 반죽이 묻어나오지 않으면 완성된 것이다. 식힌 후에 내어놓는다.

신선한 블랙베리를 구하기 어렵다면 달콤한 오디를 사용해도 좋습니다(옮긴이).

fyriskaka

사과 케이크

프리스카카

지름 23cm 케이크 1개 분량

계절이 늦여름에서 초가을로 접어들 무렵이 되면 스웨덴 사람들은 언제나 프리스카카를 먹고 싶어 하죠. 여기서는 스웨덴 전통 그대로 계피가 들어간 촉촉한 사과 케이크를 만드는 레시피를 소개했어요. 다만 으깬 카다멈을 약간 추가해서 색다른 맛을 내보았답니다. 프리스카카는 그냥 먹어도 좋지만 휘핑크림이나 바닐라 아이스크림을 곁들여 먹으면 아주 맛있어요.

- 오븐을 175도로 예열한다. 지름 23센티미터의 스프링폼 팬에 버터를 칠하고 밀가루를 뿌린다.
- 작은 냄비에 버터를 넣어 녹이고 불을 끈 다음 카다멈을 넣고 식힌다.
- 사과를 껍질을 벗겨 얇게 저민다.
- 큰 볼에 설탕 2큰술과 계핏가루를 넣고 섞은 후 저민 사과를 넣어 사과에 설탕과 계핏가루가 고루 발리게 한다.
- 별도의 큰 볼에 살짝 식은 버터와 설탕 2/3컵을 넣어 거품기로 젓는다. 달걀을 하나씩 넣으며 잘 섞이도록 거품기로 계속 저어준다. 밀가루와 베이킹파우더를 체에 걸러 넣고 부드러운 반죽이 될 때까지 젓는다.

재료

무염 버터 9큰술(128g)
으깬 카다멈 1작은술
중간 크기의 사과 3~4개(약 454g)
설탕 3~4큰술
계핏가루 1 1/2작은술
설탕 2/3컵(132g)
달걀 2개
밀가루 1컵(142g)
베이킹파우더 1/2작은술

사과 계핏가루 설탕

- 반죽을 케이크 팬에 붓는다. 사과를 반죽 위에 둥근 원 형태로 촘촘히 배열한다. 남은 설탕 1~2큰술을 위에다 흩뿌린다. 카다멈을 좋아한다면 위에 살짝 뿌려도 좋다.

- 30~40분가량 굽는다. 이쑤시개나 젓가락으로 가운데 부분을 찔러보았을 때 반죽이 묻어나오지 않으면 완성된 것이다. 오븐에서 꺼내어 식힌다.

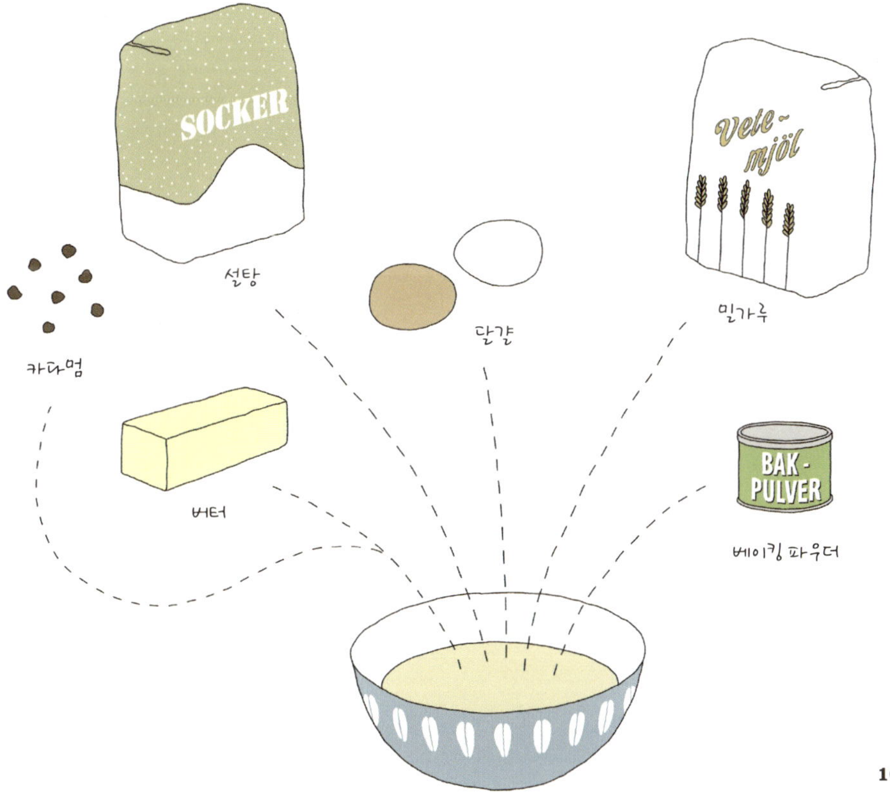

설탕 달걀 밀가루

카다멈 버터 베이킹 파우더

4
특별한 날의 피카

피카는 일상을 즐기고 감사하는 순간입니다. 피카는 생일 파티나 크리스마스 파티와 같은 특별한 행사에서도 중요한 역할을 해요. 상황에 걸맞은 예쁜 케이크와 과자로 꾸미면 피카는 곧바로 파티로 변신합니다.

남스다가르 | 성명 축일

남스다가르namsdagar 풍습은 본래 기독교 전통인 성인 달력에서 유래했습니다. 기독교의 성인에게는 각자의 축일이 있는데 스웨덴에서는 자신과 이름이 같은 성인의 축일이 되면 마치 진짜 생일을 맞은 것처럼 파티를 열었죠. 스웨덴의 남스다가르 달력은 오랜 기간에 걸쳐 여러 차례 수정되었고 최근에는 성인의 이름과 무관한 현대식 이름이 추가되기도 했지만, 이 기독교 전통은 여전히 지켜

지고 있습니다. 말하자면 남스다가르 덕택에 1년에 생일을 두 번 맞는 셈이 되죠. 나이는 한 살만 더 먹으면서 말이에요. 이날에는 할머니에게서 축하 카드를 받거나 부모님의 갑작스러운 안부 전화를 받기도 하고, 친구에게서 오후에 피카를 하자는 연락이 오기도 합니다. 이런 날의 피카는 평범한 카네불라르로 그치지 않죠. 좀 더 근사한 메뉴가 준비됩니다. 말하자면 남스다가르는 특별한 토르테와 케이크의 날입니다. 아래의 프린세스토르타 prinsesstårta처럼 말이죠.

프린세스토르타

프린세스토르타는 공주님 케이크라는 뜻이에요. 이 깜찍한 이름의 케이크는 생일이나 남스다가르 같은 특별한 날을 상징하죠. 스펀지 케이크에 휘핑크림과 라즈베리 잼을 쌓아 올리고 그 위에 초록색 마지팬을 씌웁니다. 거기에 분홍색 마지팬으로 장미를 만들어 케이크 위에 올리면 앙증맞고 이색적인 초록색 케이크가 완성되죠. 프린세스토르타는 집에서 만들기에는 까다로운 편이라 동네 콘디토리에서 사오는 게 보통입니다. 누군가가 프린세스토르타를 상자에 담고 리본을 묶어 당신에게 건넨다면 그것은 오늘이 당신의 특별한 날이기 때문이죠.

페티스다겐 | 참회의 화요일

늦겨울과 초봄 무렵 유혹을 뿌리치고 스웨덴의 베이커리 앞을 그냥 지나치기란 무척 어렵습니다. 바로 셈라(116쪽)의 계절이기 때문이죠. 달콤한 밀가루 빵과 아몬드 페이스트와 휘핑크림이 놀라운 조화를 이루어내는 셈라는 원래 사순절 금식이 시작되기 전날인 참회의 화요일, 즉 페티스다겐fettisdagen에 먹는 음식이었습니다. 하지만 요즘에는 새해부터 3월 말까지라면 카페와 베이커리에서 얼마든지 맛볼 수 있죠.

미드솜마르 | 미드서머

스웨덴은 거의 1년 내내 우중충하고 추운 날씨로 악명이 높죠. 그래서 이 나라에 해를 기념하고 축하하는 축제인 미드솜마르midsommar가 있다는 것이 그리 놀랄 일은 아닙니다. 드디어 하지가 왔음을 알리는 이날은 크리스마스나 부활절만큼이나 중요합니다. 미드솜마르는 1년 중 낮이 가장 긴 날이므로 거의 어두워지지 않을 뿐 아니라 스웨덴의 북쪽 지방에서는 하루 종일 해가 지지 않기도 하죠. 그러다 보니 낮부터 이어진 파티가 한밤중이 되어도 좀처럼 끝나지 않습니다. 여러 마을에서 하루 종일 다양한 이벤트를 벌이는데, 전통 노래에 맞춰 메이폴과 비슷한 미드솜마르스통midsommarstång이라는 막대 주위를 빙글빙글 돌며 춤을 추기도 합니다.

  미드솜마르에 음식이 빠질 수 없죠. 누구라도 집에 손님을 초대하거나 아니면 친구나 가족을 방문합니다. 여전히 쌀쌀한 기운이 남아 있기는 해도 야외에 멋들어지게 차려진 기다란 식탁 앞에 모여 앉아 저녁을 먹습니다. 새콤달콤하고 짭조름하게 절인 정어리와 갓 수확한 감자를 배가 터지도록 먹고 전통 증류주인 아쿠아비트와 맥주도 실컷 마십니다. 식사가 끝난 후에는 이 계절에 구할 수 있는 최고의 재료로 만든 각종 디저트를 맛볼 수 있습니다. 크리스마스 파티처럼 미드솜마르 파티에서도 평소와는 달리 잔치 분위기에 걸맞게 장식한 케이크와 쿠키를 만나게 됩니다. 이 축제를 대표하는 디저트는 바로 휘핑크림을 곁들인 딸기예요. 시간을 들인다면 스폰지 케이크 위에 휘핑크림과 딸기를 켜켜이 쌓아 올려 요르드굽스토르타jordgubbstårta라는 딸기 케이크를 준비할 수 있습니다. 케이크 말고 다른 것을 만들고 싶다면 딸기와 휘핑크림을 곁들인 생강 머랭(112쪽)을 권합니다. 물론 밤새 파티를 즐기려면 진한 커피 한 잔은 꼭 필요하겠죠.

칼라스 | 생일

칼라스kalas라 불리는 전통적인 생일 파티에는 반드시 토르테가 있어야 합니다. 프린세스토르타도 좋고, 휘핑크림을 올린 케이크도 좋습니다. 스웨덴에서 생일 케이크와 토르테는 무조건 휘핑크림으로 장식합니다. 케이크를 미처 굽지 못하더라도 휘핑크림만은 준비해두는 게 좋습니다. 언제나 기대 이상의 역할을 하기 때문이죠. 머랭에 휘핑크림과 초콜릿 소스를 올리면 마렝스비스marängsviss라고 하는 완벽한 스웨덴식 디저트가 됩니다.

율 | 크리스마스 시즌

지독한 추위가 기승을 부리는 길고 긴 스웨덴의 겨울. 12월만큼은 좋은 음식과 음료로 배를 채워도 된다는 핑계가 이상할 것 없는 행복한 기간이죠. 크리스마스 준비가 한 달 동안 계속되기 때문입니다. 12월과 크리스마스 때 반드시 해 먹는 음식이 있는데 이것을 크리스마스 베이킹, 바로 율바크julbak라고 합니다. 1년 내내 믹싱 볼을 꺼내는 일이 없는 사람들조차도 이때만큼은 집에서 생강 쿠키인 페파르카카pepparkaka를 한두 번은 굽습니다. 향신료의 독특한 향은 크리스마스를 알리는 신호가 됩니다. 창가에 강림절 촛불이 켜져 있고 그 앞에 크리스마스 쿠키 한 접시가 놓여 있는 따뜻하고 아늑한 부엌에 앉아 있으면 세상에 이보다 더 좋은 곳은 없다는 생각이 들 거예요.

강림절과 루시아

스웨덴 사람들은 12월의 일요일마다 모여 강림절 촛대에 꽂힌 촛불을 하나씩 켜면서 크리스마스가 오기 전까지 네 번의 강림절 일요일을 축하합니다. 이때 하는 피카를 아드벤츠카페adventskaffe라고 부르죠. 오후 느지막이 친구나 가족들이 모이면 크리스마스 케이크와 쿠키인 율바켈세르julbakelser를 먹고 와인을 데운 글뢰그glögg나 커피를 마십니다. 12월 내내 특별한 음식을 먹는 이 멋진 전통을 거부할 이유가 없죠. 이때 먹는 음식은 사프란 빵과 생강 쿠키(124쪽)인데, 이 두 가지를 접시에 같이 담아내면 사프란 빵의 노란색과 향신료 가득한 생강 쿠키의 어두운 갈색이 잘 어우러져 테이블이 화사해집니다. 루세카테르lussekatter라 불리는 사프란 빵(119쪽)은 성 루시아 축일인 12월 13일에 먹는 음식으로, 크리스마스 시즌이 왔음을 알리는 신호탄입니다. 이때부터 크리스마스가 될 때까지 죽 율바켈세르를 즐길 수 있죠. 이렇게 특별한 12월에는 무엇을 마실까요? 커피는 어느 때 어느 곳에라도 언제나 잘 어울리지만, 크리스마스는 특별한 시기인 만큼 글뢰그(132쪽)를 많이 마십니다. 와인에 향신료를 넣어 데운 글뢰그의 향과 온기가 집 안을 온통 크리스마스 분위기로 물들입니다. 손님을 초대해 파티를 할 기분이 아니라면 혼자서 커피 한 잔과 사프란 빵만 준비해도 훌륭합니다. 촛불을 켠 다음 담요로 몸을 말고 소파에 앉아만 있어도 충만함을 느낄 수 있을 거예요. 12월에는 아늑한 게 최고이니까요.

율라프톤 | 크리스마스 이브

크리스마스 이브의 상차림은 청어리 절임, 햄, 감자, 그 밖에 이 시기에만 맛볼 수 있는 다양한 음식들로 푸짐하게 구성됩니다. 케이크와 쿠키, 빵도 여느 때보다 특별하죠. 글뢰그 한 잔에 아몬드 페이스트가 들어간 사프란 케이크(122쪽)를 곁들이거나 미니 아몬드 타르트 셸(130쪽)에 베리 잼과 휘핑크림을 올려 디저트로 먹기도 합니다. 크리스마스 파티에는 맛난 먹거리가 여기저기 넘쳐나므로 하루 종일 먹게 되더라도 죄책감을 느낄 필요는 없을 거예요. 심지어 아침을 크리스마스 쿠키와 글뢰그로 연다고 해도 말이에요.

Recipes

전통적인 아드벤츠카페를 열거나 소중한 사람의 생일을 특별하게 축하하고 싶다면 아래의 레시피를 시도해보세요. 파티와 축제에 걸맞은 화려한 피카 레시피를 공개합니다.

마렝토르타 메드 하셀뇌테르 • 헤이즐넛 머랭 토르테 • 110

잉에페르스마렝에르 • 생강 머랭 • 112

프룩트카카 • 과일 케이크 • 114

셈라 • 스웨덴식 크림빵 • 116

루세카테르 • 사프란 빵 • 119

사프란스카카 메드 만델마사 • 아몬드 페이스트가 들어간 사프란 케이크 • 122

페파르카코르 • 생강 쿠키 • 124

미우카 페파르카코르 • 부드러운 생강 쿠키 • 128

만델무슬로르 • 미니 아몬드 타르트 셸 • 130

글뢰그 • 스웨덴식 데운 와인 • 132

marängtårta med hasselnötter

헤이즐넛 머랭 토르테

마렝토르타 메드 하셀뇌테르

지름 23cm 케이크 1개 분량

생일 파티 때 스웨덴 사람들이 즐겨 먹는 케이크는 생크림 케이크예요. 생크림 생일 케이크야말로 가장 스웨덴다운 케이크죠. 여기서는 초콜릿, 헤이즐넛, 머랭을 함께 넣어 누구를 위해서든 어떤 자리에서든 잘 어울리는 달콤하고 열량 높은 토르테를 만들어보았어요. 이것은 애너의 엄마인 브리타가 1970년대에 잡지에서 발견한 레시피예요. 여기에 블랙베리나 라즈베리 또는 사과 소스를 가운데 발라서 살짝 변화를 주었답니다.

- 오븐을 150도로 예열한다. 지름 23센티미터의 둥근 케이크 팬이나 스프링폼 팬 2개를 준비해 버터를 칠하고 밀가루를 뿌린다.
- 토르테를 준비한다. 먼저 버터와 설탕을 거품기로 저어서 걸쭉한 크림 상태로 만든다. 별도의 볼에 달걀노른자를 넣고 거품기로 저은 다음 바닐라 추출액, 우유를 넣는다. 이것을 크림 상태로 만든 버터와 설탕 혼합물에 넣어 섞는다. 밀가루, 베이킹파우더를 반죽에 넣고 스패튤러로 부드러워질 때까지 섞는다.
- 반죽을 2개의 팬 안에 균등하게 나누어 넣은 다음 높이가 일정하게 되도록

토르테
상온 상태의 무염 버터 6큰술(85g)
설탕 3/4컵(148g)
달걀노른자 4개
바닐라 추출액 1작은술
우유 1/4 컵(60ml)과 1큰술
밀가루 3/4컵(106g)
베이킹파우더 1 1/2작은술
다크 초콜릿 칩 1/3컵(57g)
다진 헤이즐넛 3/4컵(57g)과 토핑 용으로 약간 더

머랭
상온 상태의 달걀흰자 4개
설탕 1/2컵(99g)

마무리 장식
휘핑크림 1~1 1/2컵(240~360ml)
장식을 위한 무가당 코코아 파우더 1~2큰술

펴준다. 윗부분에 초콜릿 칩과 헤이즐넛 3/4컵을 고루 뿌린다.

- 머랭을 준비한다. 믹서에 달걀흰자를 넣고 거품을 올린다. 거품이 풍성해지고 손가락으로 찍었을 때 끝부분이 부드럽게 구부러지는 상태가 되면 설탕을 조금씩 추가하면서 계속 거품을 올린다. 거품을 손가락으로 찍어 끝부분의 꼭지가 단단해지면 머랭이 완성된 것이다.

- 머랭을 2등분해 각각의 팬에 부어 초콜릿 칩과 헤이즐넛이 완전히 덮이게 한다.

- 머랭이 황갈색으로 변하고 바삭해 보일 때까지 40분가량 굽는다. 오븐에서 꺼내어 식힌다.

- 완전히 식으면 팬에서 꺼낸다.

- 접시에 토르테 하나를 먼저 올린 다음 휘핑크림을 펴 바른다. 그 위에 나머지 하나를 올려서 다시 휘핑크림을 펴 발라준다. 휘핑크림을 1컵(240ml) 사용한다면 이런 식으로 윗부분을 바르기에 충분할 것이다. 휘핑크림을 1 1/2컵(360ml) 준비했다면 케이크의 옆부분까지도 덮을 수 있다. 케이크의 윗부분에 코코아가루를 체 쳐서 뿌린 다음 남은 헤이즐넛을 그 위에 뿌린다.

ingefärsmaränger

생강 머랭

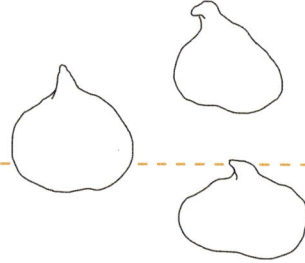

잉에페르스마렝에르

큰 것 15개 혹은 작은 것 30개 분량

스웨덴에는 유럽 사람들이 오랫동안 즐겨 먹어온 음식이 많이 들어와 있는데 머랭도 그런 음식 중 하나예요. 이 레시피에는 머랭에 생강을 넣었는데, 그냥 먹어도 맛있고 휘핑크림과 딸기를 곁들여도 훌륭하죠. 스웨덴에는 '마렝스비스'라는 디저트가 있는데 머랭 위에 휘핑크림과 초콜릿 소스를 뿌려서 만드는 것이에요. 마렝스비스를 만들 때도 이 레시피를 기본으로 하면 됩니다.

- 오븐을 95도로 예열한다. 오븐 팬에 유산지나 실리콘 베이킹 매트를 깐다.
- 스텐 볼을 저민 레몬으로 문질러 닦는다. 달걀흰자를 볼에 넣어 거품기나 믹서를 활용해 거품을 올린다. 색깔이 하얗게 변하고 손가락으로 찍었을 때 부드러운 봉우리가 형성될 때까지 약 2분 정도 작업한다. 설탕을 약간씩 추가하면서 윤기가 나고 단단한 봉우리가 형성될 때까지 5~10분 정도 거품을 올린다. 볼을 뒤집어도 머랭이 흘러내리지 않으면 완성이다. 생강을 넣고 약간 더 거품을 낸다.

재료
저민 레몬
상온 상태의 달걀흰자 3개
설탕 3/4컵(148g)
간 생강 1작은술

- 머랭 반죽을 큰 숟가락으로 한 술씩 떠서 오븐 팬에 올린다. 머랭을 작게 만들고 싶다면 1큰술 정도, 크게 만들고 싶다면 2큰술이 적당하다. 머랭을 짤주머니에 넣어 짜도 된다.

- 작은 머랭은 1시간 30분, 큰 머랭은 2시간가량 굽는다. 다 되면 겉은 바삭하고 두드렸을 때 속이 빈 소리가 나야 한다. 오븐에 둔 채로 오븐을 끄고 식을 때까지 기다린다.

- 반드시 밀폐 용기에 보관해야 한다. 2~3주 정도는 두고 먹을 수 있다.

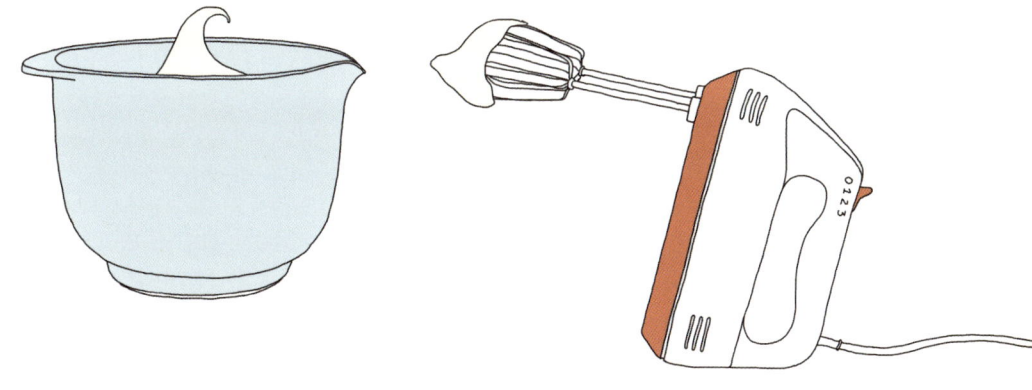

fruktkaka

과일 케이크

프룩트카카

길이 23cm 케이크 1개 분량

프룩트카카는 일반적인 미국식 과일 케이크와는 전혀 다릅니다. 이 케이크는 묵직하고 깜짝 놀랄 만큼 고급스러운 맛이죠. 테이블 위에 내놓으면 눈 깜짝할 새에 사라질 거예요. 이 레시피는 해마다 프룩트카카를 굽는 애너의 할머니에게서 전수받았어요. 보통 캔디드 프루트를 쓰지만 여기에서는 건무화과와 건 대추를 사용했습니다. 이 케이크를 계획할 때의 핵심은 먹기 한참 전에 미리 만들어놓아야 한다는 것이에요. 위스키에 적신 면보로 케이크를 감싸서 최소한 일주일은 숙성시켜야 하기 때문이죠. 기다리기가 고통스러울 만큼 맛있는 케이크입니다.

- 오븐을 175도로 예열한다. 23×12.5센티미터 정도 크기의 파운드 팬에 버터를 바르고 밀가루를 뿌린다.
- 큰 믹싱 볼에 버터와 설탕을 넣고 거품기로 저어서 크림 상태로 만든다. 달걀노른자를 하나씩 추가하면서 걸쭉한 크림 상태가 될 때까지 젓는다. 거기에 무화과, 대추, 건포도와 오렌지 제스트를 넣고 섞는다. 밀가루를 넣어 고루 섞는다.
- 별도의 볼이나 믹서에 달걀흰자를 넣고 봉오리가 단단해질 때까지 거품을

재료

상온 상태의 무염 버터 14큰술 (198g)
설탕 1/2컵(99g)
달걀노른자 4개
다진 건무화과 1/2컵(75g)
다진 건대추 1/2컵(75g)
건포도 1/2컵(71g)
오렌지 1개 분량의 제스트

밀가루 1 1/2컵(213g)
상온 상태의 달걀흰자 4개
위스키나 코냑 혹은 럼 약 1/2컵
(120ml)

올린다. 앞에서 준비한 혼합물에 넣어 조심스레 섞는다. 되직하고 묵직한 반죽을 만든다.

- 스패튤러를 사용해서 반죽을 팬에 담는다. 황갈색이 될 때까지 50~55분가량 굽는다. 이쑤시개나 젓가락으로 가운데 부분을 찔렀을 때 반죽이 묻어나오지 않으면 완성된 것이다. 오븐에서 꺼내 식힌다. 식으면 팬에서 케이크를 꺼낸다.

- 긴 면보를 볼 안에 넣고 위스키를 부어 적신다. 완전히 젖은 면보로 케이크 전체를 감싼다. 이것을 다시 알루미늄 호일로 싸서 시원하고 그늘진 곳에 1~4주간 보관한다.

- 케이크를 싸고 있는 천을 벗기고 얇게 잘라서 내놓는다.

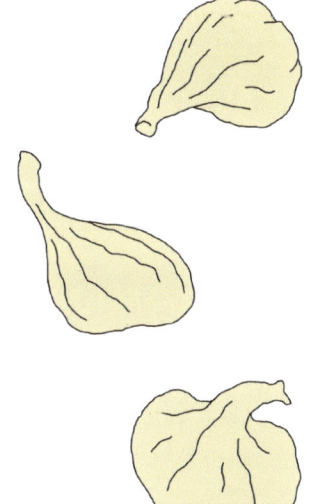

semla

스웨덴식 크림빵

셈라

12~16개 분량

'페티스다겐'이라고 하는 참회의 화요일 축제에 먹는 빵입니다. 아몬드 페이스트와 휘핑크림이 가득 들어 있어 '페티스불레', 즉 '뚱뚱한 빵'이라고 부르기도 해요. 달콤하고 풍성하고 크림 맛이 강한 이 빵을 스웨덴에서 부활절 전 40일간 지속되는 사순절 개시 전날 먹은 것은 어찌 보면 당연한 일입니다. 요즘은 스웨덴의 카페나 베이커리에서 보통 새해부터 부활절까지 판매한다고 하니 좀 더 쉽게 접할 수 있게 되었죠. 그렇지만 전통을 따르고 싶다면 참회의 화요일에 셈라를 직접 만든 다음 친구들을 초대해서 프렌치 프레스 커피 한 주전자와 곁들여보세요. 모두들 그 맛과 분위기에 반할 거예요.

- 냄비에 버터를 넣어 녹이고 우유를 넣는다. 따뜻할 정도(약 43도)로만 데운다.
- 큰 볼에 달걀 1개와 설탕을 넣어 거품기로 젓고 버터와 우유 혼합물을 넣어 잘 섞는다. 밀가루, 베이킹파우더와 이스트, 소금, 카다멈을 넣은 후 손이나 나무 주걱으로 반죽한다.
- 반죽을 작업대 위에 올리고 부드럽고 탄력이 생길 때까지 3~5분가량 치댄다. 반죽은 약간 촉촉해야 하지만 손가락과 작업대에 너무 많이 달라붙으면

반죽

무염 버터 7큰술(99g)
우유 1컵(240ml)
인스턴트 드라이 이스트 2작은술
달걀 2개
설탕 1/4컵(50g)
밀가루 3 1/2컵(496g)
베이킹파우더 1작은술
소금 1/2작은술
으깬 카다멈 씨앗 2작은술

속재료

껍질 벗긴 아몬드 2컵(284g)
설탕 1/4컵(50g)
아몬드 추출액 1작은술
우유 1/2~1컵(속재료의 건조함 정도에 따라 양을 결정한다)

마무리 재료

휘핑크림 1/2~1컵(120~240ml, 셈라 개수에 따라 양을 조절한다)
장식용 슈거 파우더

밀가루를 살살 뿌려가며 작업한다. 밀가루를 너무 많이 넣으면 빵이 건조해지므로 주의한다. 반죽을 칼로 잘랐을 때 단면에 공기 방울이 전반적으로 보이면 완성된 것이다. 반죽을 볼에 넣고 면보로 덮어 바람이 없는 곳에서 45분~1시간가량 발효시킨다.

- 오븐 팬에 유산지나 실리콘 베이킹 매트를 깐다. 반죽을 12~16등한 다음 공 모양으로 만든다. 반죽을 약 5센티미터 정도 간격으로 팬 위에 놓는다. 면보를 덮어 부풀도록 30~45분간 둔다.
- 오븐을 200도로 예열한다.
- 남은 달걀 1개를 풀어 브러시로 반죽 위에 바른다. 윗부분이 황갈색이 될 때까지 10~15분가량 굽는다. 오븐에서 꺼내 작업대 위에 둔다. 식을 때까지 면

보로 덮어놓는다.

- 속재료를 준비한다. 푸드프로세서에 아몬드, 설탕, 아몬드 추출액을 넣어 아몬드가 고운가루 상태가 되고 반죽이 서로 끈끈히 들러붙을 때까지 간다.

- 빵의 동그란 윗면을 다 잘라내어 한쪽에 둔다. 나중에 뚜껑으로 사용한다. 빵의 가장자리 두께가 0.5센티미터 정도가 될 때까지 빵의 가운데 부분을 둥글게 파낸다. 이때 바닥에 구멍이 나지 않도록 주의한다. 큰 볼에 파낸 빵과 아몬드 혼합물을 넣어 잘 섞는다. 여기에 우유를 첨가해 흘러내리지 않을 정도의 끈적하고 부드러운 상태로 만든다.

- 빵의 파낸 부분에 아몬드 속재료를 채우고 그 위에 휘핑크림을 올린다. 잘라낸 빵을 다시 덮은 후 슈거 파우더를 체에 쳐서 뿌린다. 바로 내놓는다.

- 셈라를 만들어서 한 번에 다 먹는 일은 드물다. 한꺼번에 다 먹을 게 아니라면 빵을 냉동 보관하는 것이 좋다. 셈라를 다시 먹고 싶을 때 냉동한 빵을 해동하고 아몬드 속재료와 휘핑크림을 적당량 만들어서 다시 조합하기만 하면 된다.

lussekatter

사프란 빵

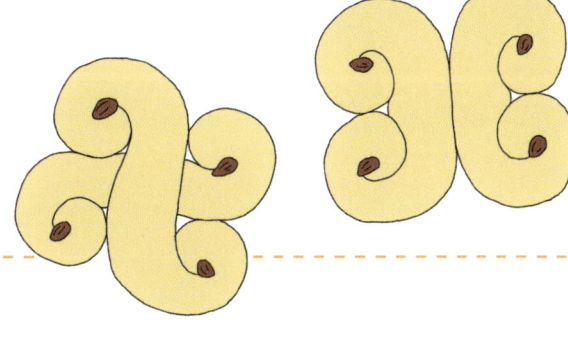

루세카테르
30~40개 분량

스웨덴에서 수세기 동안 사용되어온 사프란은 한때는 왕족의 향신료라고 할 만큼 귀하고 값비싼 향신료였습니다. 지금도 사프란은 특별한 재료이지만 구하기는 더 쉬워졌죠. 이제 사프란은 크리스마스 시즌을 대표하는 향신료로 자리 잡았습니다. 사프란이 들어가 특별한 향과 빛깔을 띠는 루세카테르는 기독교 축제인 성 루시아 축일에 먹는 빵이에요. 12월 13일이 바로 그날이죠. 이날 성 루시아는 머리에 촛불로 된 관을 쓰고, 사람들은 길고 어두운 겨울날 루시아 성녀가 전해주는 빛을 축하합니다. 루세카테르의 형태는 다양하지만 그중 알파벳 S 모양이 가장 대중적이에요. 독특한 모양으로 나만의 루세카테르를 만들어도 재미있겠죠?

재료
사프란 가닥 1/2작은술
위스키나 코냑 약간
무염 버터 3/4컵(170g)
우유 2컵(480ml)
인스턴트 드라이 이스트 2작은술
달걀 1개
설탕 1/2컵(99g)

- 작은 볼에 사프란을 넣고 숟가락을 사용해서 으깬다. 향이 완전히 우러나도록 위스키를 약간 뿌려 한쪽에 둔다.

- 냄비에 버터를 넣어 녹인 다음 우유를 붓는다. 만지면 따뜻할 정도(약 43도)로 데운다.

- 볼에 달걀 1개, 설탕, 소금과 사프란 혼합물을 섞고, 버터와 우유 혼합물을 넣어 잘 저어준다. 여기에 밀가루, 이스트, 건포도를 넣는다. 손이나 나무 주

걱을 사용해 반죽을 공 모양으로 만든다.

- 반죽을 작업대 위에 올리고 부드럽고 탄력이 생길 때까지 3~5분가량 치댄다. 반죽은 약간 촉촉해야 하지만 손가락과 작업대에 너무 많이 달라붙으면 밀가루를 조금씩 뿌려가며 작업한다. 이때 밀가루를 너무 많이 뿌리면 빵이 건조해지므로 주의한다. 반죽을 칼로 잘랐을 때 단면에 공기 방울이 전반적으로 보이면 완성된 것이다. 반죽을 볼에 다시 넣고 면보로 덮어 바람이 없는 곳에서 2배로 부풀도록 1시간가량 둔다.
- 오븐 팬에 유산지나 실리콘 베이킹 매트를 깐다. 반죽을 볼에서 꺼내 고전적인 사프란불라르 모양을 만든다(옆의 그림 참조). 반죽을 4센티미터 정도 간격으로 팬 위에 올려놓는다. 면보를 덮은 다음 30~45분 정도 발효시킨다. 빵이나 오븐의 크기에 따라 여러 번 구워야 할 수도 있다.
- 반죽이 부풀어 오르는 동안 오븐을 200도로 예열한다.
- 달걀 1개를 풀어 빵의 윗면에 바르고 건포도로 장식한다(반죽의 이음새 부분에 하나씩 끼우면 된다).

소금 1작은술
다목적용 밀가루 6 1/2컵(923g)
푼 달걀 1개
건포도 3/4컵(106g)과 토핑용으로 약간 더

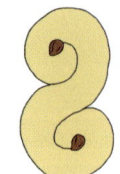

율갇트
(크리스마스 돼지)

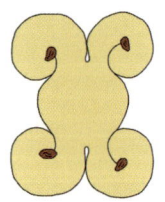

룩세카트
(성 루시아의 고양이)

- 8~10분가량 굽는다. 오븐에서 꺼내 작업대에 놓는다. 면보로 덮어서 식힌다.
- 빵이 빨리 마르기 때문에 그날 바로 먹는 것이 좋다. 더 오래 두고 싶다면 냉동 보관한다.

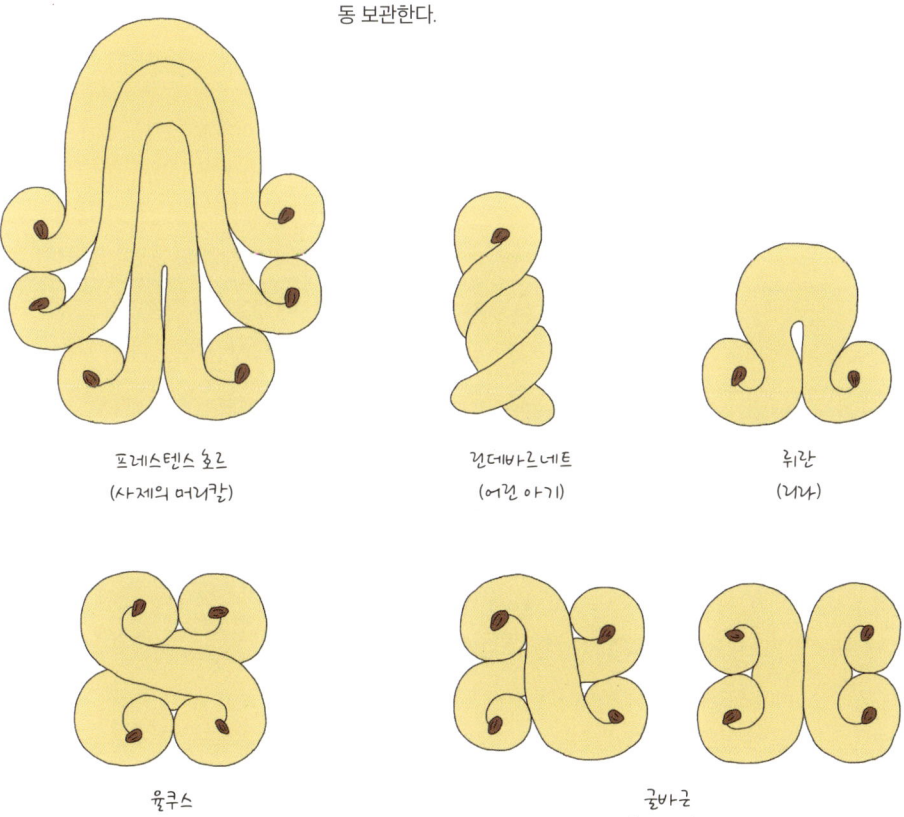

saffranskaka med mandelmassa

아몬드 페이스트가 들어간 사프란 케이크

사프란스카카 메드 만델마사

지름 28cm 케이크 1개 분량

스웨덴 사람들은 아몬드 페이스트가 들어간 빵이나 케이크를 무척 좋아해요. 그래서 축제의 계절인 12월이면 아몬드 페이스트가 들어간 사프란 케이크를 자주 만들어 먹지요. 이 레시피는 애너 가족의 친구인 세실리아가 해마다 굽는 케이크에서 영감을 받았어요. 루세카테르 반죽을 기본으로 하기 때문에 반죽을 만들 때 반을 떼어놓았다가 나중에 이 달콤한 케이크를 만드는 데 활용하면 됩니다.

- 루세카테르 반죽을 준비해서 2배 크기로 부풀도록 1시간가량 둔다.
- 아몬드, 설탕, 아몬드 추출액을 푸드프로세서에 넣고 아몬드가 고운 가루가 되고 반죽이 끈적하게 달라붙기 시작할 때까지 간다. 가게에서 산 아몬드가루를 사용한다면 질감이 약간 거칠고 건조할 것이다.
- 믹서에 달걀흰자를 넣고 거품을 올린다. 거품이 풍성해지고 손가락으로 찍었을 때 끝부분이 단단해질 때까지 작업한다. 이것을 아몬드 혼합물과 섞어 아몬드 페이스트를 만든다. 이때 과하게 섞지 않도록 주의한다.
- 주먹보다 약간 작을 정도의 반죽을 따로 떼어내어 나중에 빵의 윗부분을 장식할 때 사용한다. 나머지 반죽을 정확히 2등분으로 나누어 공 모양으로 만든다.

재료

루세카테르 반죽 1/2 분량(113쪽)
껍질 벗긴 아몬드 1컵(142g)
설탕 1/4컵(50g)
아몬드 추출액 1작은술
상온 상태의 달걀흰자 1개
푼 달걀 1개
토핑용 건포도 약간

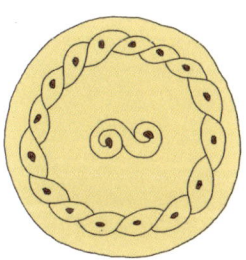

- 오븐 팬에 유산지나 실리콘 베이킹 매트를 깐다. 작업대 위에 밀가루를 뿌리고 반죽을 올린다. 밀대를 사용해서 첫 번째 반죽을 지름 28센티미터, 두께 0.5센티미터보다 약간 얇은 원 모양으로 민다. 오븐 팬에 반죽을 올린 다음 아몬드 페이스트를 위에 고루 바른다. 나머지 반죽도 같은 방식으로 만들어 아몬드 페이스트 위를 덮는다. 아래위 반죽의 가장자리를 살짝 포개어 손가락 끝으로 돌아가며 집는다. 이렇게 하면 아몬드 페이스트가 흘러나오는 것을 방지할 수 있다. 따로 떼어놓은 여분의 반죽을 밀대로 밀어서 가늘고 긴 띠 모양을 만든 다음 케이크의 윗부분을 장식한다. 가운데를 전통적인 S 모양으로 장식하거나 그림에 제시된 모양을 참고해도 좋다. 케이크를 면보로 덮고 부풀도록 20~30분간 둔다.

- 부푸는 동안 오븐을 200도로 예열한다.

- 브러시로 케이크의 윗부분에 푼 달걀을 바른 다음 건포도로 장식한다.

- 황갈색이 될 때까지 15~20분간 굽는다. 오븐에서 꺼내어 식힘망 위에 올린 다음 면보를 덮는다. 다 식으면 썰어서 담아낸다.

- 이 케이크는 빨리 마르기 때문에 하루 만에 다 먹을 것이 아니라면 알루미늄 호일에 싸둔다. 그렇게 하면 신선도를 좀 더 오래 유지할 수 있다.

pepparkakor

생강 쿠키

페파르카코르

두께와 커터 모양에 따라 40~60개 분량

스웨덴어로 '고드 율', 그러니까 '메리 크리스마스'를 연상시키는 것으로 생강 쿠키만 한 것이 없습니다. 향신료 향이 물씬 풍기는 바삭바삭한 생강 쿠키는 돼지나 하트 같은 전통적인 모양을 하고 있죠. 스웨덴에는 "생강 쿠키같이 된다"라는 속담이 있는데, 생강 쿠키를 먹으면 건강이 좋아진다는 의미라고 해요. 이런 표현이 언제 어디서 유래되었는지에 대해서는 여러 가지 설이 있지만 생강 쿠키에 들어 있는 향신료가 건강에 매우 좋다는 점은 확실하니 그것을 먹으면 원기가 생긴다는 사실 또한 분명하겠죠.

페파르카코르를 만드는 방법은 다양합니다. 이 레시피에서는 향신료를 특별히 많이 사용했어요. 쿠키 커터는 어떤 모양이든 상관없습니다. 쿠키 커터가 없다면 집에 있는 유리잔으로 반죽을 잘라내 동그랗게 만들어도 좋습니다. 반죽을 얇게 밀어야 쿠키가 바삭하게 구워지지만, 얇게 밀지 못한다고 해도 걱정할 필요는 없습니다. 사실 좀처럼 실패하지 않는 것이 생강 쿠키죠. 반죽은 하루 동안 냉장 보관해야 하니 만들기 전에 미리 계획을 세워보세요.

재료
상온 상태의 무염 버터 5큰술(71g)
설탕 1/2컵(99g)
당밀 2큰술
정향가루 1 1/2작은술
계핏가루 1큰술
으깬 카다멈 씨앗 1 1/2작은술
생강가루 1큰술
흑후춧가루 1/4작은술
베이킹 소다 1/2작은술
밀가루 1 1/2컵(213g)
물 1/4컵(60ml)

- 큰 볼에 버터와 설탕, 당밀을 넣고 거품기로 저어서 크림 상태로 만든다. 그 다음 정향가루, 계핏가루, 으깬 카다멈, 생강, 후춧가루, 베이킹 소다를 넣고 잘 섞는다.

- 밀가루를 한 번에 1/2컵 정도씩 추가하면서 섞는다. 밀가루의 반 정도가 들어갔을 때 물을 넣어 섞는다. 그런 다음 나머지 밀가루를 추가해 손으로 반죽을 만든다. 꽤 끈적끈적하지만 그래도 길쭉한 통나무 모양으로 만들 수 있을 것이다. 반죽을 랩이나 종이 호일로 감싸서 하룻밤 냉장고에 넣어둔다.

- 구울 준비가 되면 오븐을 190도로 예열한다. 오븐 팬에 버터를 바르거나 유산지나 실리콘 베이킹 매트를 깐다. 반죽을 버터 바른 오븐 팬에 바로 올려서 구우면 더 바삭바삭한 식감을 얻을 수 있다.

- 밀가루를 뿌린 작업대 위에 반죽을 놓고 밀대로 납작하게 민다. 작업대에 들러붙는 것을 방지하기 위해 반죽을 조금씩 뒤집어가며 미는 방식으로 작업한다. 필요하다면 밀가루를 작업대 위에 좀 더 뿌리고, 반죽을 가능한 한 얇게 민다. 반죽의 온도가 올라갈수록 끈적끈적해지므로 차가울 때 미는 것이 편하다. 너무 끈적거리면 다시 냉장고에 넣어 차갑게 만든 후 작업한다. 많은 양의 반죽을 한꺼번에 밀기보다 한 덩어리씩 떼어내 미는 것이 훨씬 쉽다.

- 쿠키 커터로 반죽을 떼내어 오븐 팬에 올린다.
- 두께에 따라 5~8분가량 굽는다. 쿠키가 얇아서 쉽게 타기 때문에 주의해서 관찰한다. 오븐에서 꺼낸 다음 1~2분 후에 팬에서 꺼내 작업대 위에 올려 식힌다.
- 밀폐 용기에 보관한다.

mjuka pepparkakor

부드러운 생강 쿠키

미우카 페파르카코르

20~25개 분량

이 부드러운 생강 쿠키는 점심 식사용 생강 쿠키라는 뜻으로 '런치페파르카코르'라고도 불립니다. 일단 쿠키가 두툼한 데다 스웨덴에서는 점심 때 버터를 발라 치즈 한 장을 올려서 먹기 때문이죠. 커피나 차 한 잔을 곁들이면 금방 배가 두둑해져요. 마멀레이드를 얇게 바르거나 블루치즈 스프레드를 발라서 먹어도 맛있어요. 물론 그냥 먹어도 훌륭합니다. 반죽은 최소 하룻밤 이상 냉장 보관해야 하니 미리 계획을 세우는 것이 좋겠죠?

- 당밀과 설탕을 냄비에 넣고 중간 불에서 부드럽고 흐르는 질감이 될 때까지 열을 가한다. 여기에 버터, 정향가루, 생강, 계핏가루, 으깬 카다멈, 후춧가루를 넣고 버터가 완전히 녹을 때까지 젓는다. 불을 끄고 한쪽에 두어 15분가량 식힌다.

- 큰 볼에 달걀과 우유를 넣고 거품기로 젓는다. 여기에 약간 식은 당밀 혼합물을 넣어 섞는다.

- 별도의 볼에 밀가루, 베이킹파우더, 베이킹 소다, 소금을 넣는다. 여기에 달걀과 당밀 혼합물을 부어 반죽이 부드럽고 일정해지도록 만든다.

재료

당밀 3/4컵(180ml)
설탕 1/2컵(99g)
버터 1/4컵(57g)
정향가루 2작은술
생강가루 2~3작은술
계핏가루 2작은술
으깬 카다멈 씨앗 2작은술
흑후춧가루 1/4작은술
달걀 1개

우유 1/4컵(60ml)
밀가루 2 1/2컵(355g)
베이킹파우더 1작은술
베이킹 소다 1작은술
소금 1/4작은술

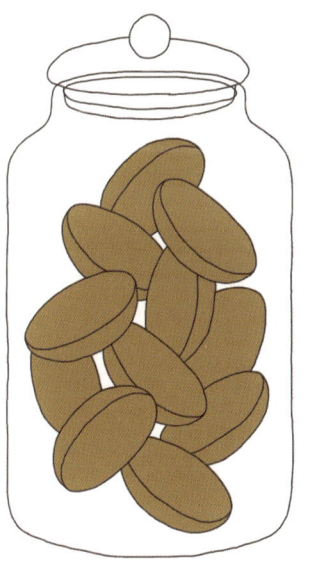

- 반죽은 아주 끈적할 것이다. 볼에 랩을 씌운 다음 냉장고에 24~48시간 둔다.

- 구울 준비가 되면 오븐을 200도로 예열한다. 오븐 팬에 유산지나 실리콘 베이킹 매트를 깐다.

- 골프 공 크기로 반죽을 떼어내어 동그랗게 굴린다. 오븐 팬에 올린 다음 1.25센티미터 정도의 두께로 납작하게 만든다. 납작해진 반죽을 최소 2.5센티미터 간격을 두고 배열한다. 반죽은 차가울 때 모양을 잡기 쉽다. 반죽의 온도가 올라가 끈적거리면 다시 냉장고에 넣어 차갑게 만든 후 작업한다. 동그랗게 만들기 전 손에 물을 묻혀가며 반죽하면 손에 붙는 것을 방지할 수 있다.

- 쿠키 크기에 따라 12~15분가량 굽는다. 오븐에서 꺼낸 다음 작업대 위에 올려놓고 식힌다.

- 완전히 식으면 밀폐 용기에 넣어 보관한다.

mandelmusslor

미니 아몬드 타르트 셸

만델무슬로르

미니 타르트 틀 크기에 따라 약 25개 분량

아몬드 타르트 셸은 밀가루와 아몬드가루를 함께 반죽으로 사용한다는 점에서 아주 톡특한 쿠키예요. 버터 향 가득한 아몬드 타르트 셸만 있으면 어떤 크리스마스 디저트 접시도 훌륭해지지요. 베리 잼과 생크림이 가득 든 미니 아몬드 타르트를 크리스마스이브 선물을 개봉하기 전 와인 한 잔과 곁들이면 진정한 스웨덴식이라고 할 수 있어요. 전통적인 틀은 삼각형, 다이아몬드형, 원형인데 빈티지 가게 같은 데서 운 좋게 발견하지 않는 다음에야 스칸디나비아 국가에서가 아니면 구하기가 어려워요. 그렇다고 걱정할 필요는 없어요. 일반적인 미니 타르트 틀이면 충분하니까요. 다만 만델무슬로르는 만들기가 조금 어려워요. 구운 후 틀에서 제거할 때 깨지는 경우가 종종 있기 때문이죠. 그래서 틀에 버터를 듬뿍 발라야 합니다. 만약 몇 개가 부서지거나 금이 간다면 열심히 노력한 대가로 좀 더 맛있는 것을 얻을 수 있는 기회로 생각하세요. 타르트 셸은 그냥 먹어도 맛있지만 잼과 베리를 넣고 위에 생크림을 얹어서 내놓으면 더욱 멋지답니다.

- 푸드프로세서에 아몬드를 넣고 곱게 간다.
- 볼에 버터와 설탕을 넣고 거품기로 저어 크림 상태로 만든다. 여기에 아몬드와 아몬드 추출액, 달걀을 넣고 잘 섞는다. 체에 거른 밀가루를 조금씩 부어가며 완전히 뭉쳐질 때까지 반죽한다. 랩으로 덮어 30분~1시간가량 냉장고에 넣어둔다.
- 구울 준비가 되면 오븐을 200도로 예열한다. 타르트 틀에 버터를 넉넉히 바른다. 크기에 따라 대략 호두 알만 한 반죽을 떼어내 틀에 넣고 눌러준다. 가장자리까지 골고루 반죽이 다 올라오고 두께가 얇고 일정하도록 펴준다. 반죽이 너무 끈적거리면 다시 냉장고에 넣어 차갑게 한 다음 작업한다.
- 가장자리가 옅은 황갈색이 될 때까지 8~10분가량 굽는다. 오븐에서 꺼내어 틀이 만져도 될 만큼 식으면 조심스레 두드려 타르트를 꺼낸다. 작업대 위에 놓고 식힌다.

재료
껍질 벗긴 아몬드 1컵(142g)
상온 상태의 무염 버터 7큰술(99g)
설탕 1/4컵(50g)
아몬드 추출액 1/2작은술
달걀 1개
밀가루 1컵(142g)

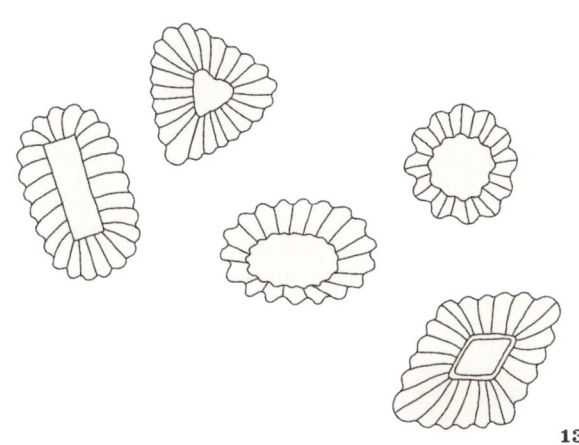

glögg

스웨덴식 데운 와인

글뢰그
4~6인분 분량

추위가 뼛속까지 스미는 추운 겨울날 뜨거운 글뢰그 한 잔은 마음까지 녹여줍니다. 커피가 스웨덴의 강림절 행사에서 중요한 음료이기는 하지만 글뢰그만큼은 아닐 거예요. 회사 파티나 오후 피카, 혹은 크리스마스, 한마디로 12월 내내 스웨덴 사람들은 글뢰그를 마십니다. 스웨덴의 겨울이 몹시 춥다는 사실을 생각하면 이곳 사람들이 향신료 향이 가득한 글뢰그로 몸을 데우면서 행복해하는 것은 정말 당연한 일이에요. 흰 눈이 온 세상을 뒤덮지 않더라도 글뢰그는 언제나 근사합니다.

글뢰그를 대접할 때 생강 쿠키(124쪽) 한 접시를 곁들여보세요. 생강 쿠키는 뜨끈한 글뢰그와 정말 잘 어울리죠. 와인과 럼 대신에 블랙 커런트 코디얼을 기본으로 한 무알콜 글뢰그를 만들 수도 있습니다.

- 건무화과를 크기에 따라 2~4등분으로 자른다. 자른 건무화과, 건포도, 오렌지 제스트, 생강, 계피, 정향, 카다멈을 럼에 넣고 최소 4시간에서 하룻밤 둔다.
- 럼에서 건더기를 거른다. 무화과는 다시 사용할 것이므로 한쪽에 둔다.

재료
건무화과 5개
건포도 30알, 장식용으로 약간 더
오렌지 제스트 1큰술
다진 생강 1~2큰술

계피 막대 3개
통 정향 2작은술
카다멈 꼬투리 5개
럼, 위스키 혹은 코냑 3/4컵
(180ml)
레드와인(카베르네 소비뇽 혹은 시라즈) 1병(750ml)
설탕 1/2컵(106g)
껍질 벗긴 아몬드, 장식으로 약간

- 와인을 냄비에 부어 데운 후 설탕과 럼을 넣고 설탕이 완전히 녹을 때까지 젓는다. 끓어오르면 알코올 성분이 날아가버리므로 끓지 않게 뭉근히 데워야 한다.
- 작은 머그잔에 글뢰그를 따르고 아몬드, 건포도 몇 알, 무화과를 넣는다.

5
빵과 샌드위치, 그리고 피카

스티그 라르손의 소설 『밀레니움』 연작을 읽다 보면 이런 생각을 하게 될지 모릅니다. "스웨덴 사람들은 하루 종일 모여 앉아 커피 마시고 오픈 샌드위치만 먹고 있는 것 같아." 맞습니다. 스웨덴 사람들은 실제로 커피와 오픈 샌드위치에 무척 집착하죠. 이런 집착이 몇몇 사람들에게만 해당되는 게 아니라 스웨덴 사람이라면 누구나 그런 편입니다. 스웨덴에서는 커피 한잔에 '스뫼르고스 smörgås' 혹은 '마카 macka'라고 하는 오픈 샌드위치를 곁들이는 것이 잠자리에 들기 전 따뜻한 차 한 잔을 마시고 운동 후에 물을 들이켜는 것만큼이나 자연스러운 일입니다. 바로 이 점이 피카의 재미있는 점입니다. 커피 브레이크이기도 하지만 급할 때는 가벼운 식사로도 변신하는 유연성 말입니다. 스웨덴어에 '멜란몰 mellanmål'이라는 독특한 표현이 있는데, 문자 그대로 '사이의 식사'라는 뜻입니다. 영어로는 단순히 '스낵' 정도로 번역할 수 있겠지만, 영양가 높은 샌드위치와 과일을 곁들인다는 점에서 좀 더 든든하고 건강에도 좋죠. 학교에서 막

돌아온 출출한 아이에게는 스뫼르고스에 우유 한 잔이나 사프트를 곁들인 멜란몰이 더없이 훌륭한 간식이 될 것입니다.

스웨덴 빵

멜란몰에 사용되는 빵은 무척 다양합니다. 점심용 샌드위치를 만들기에 딱 좋은 것도 있고 지친 오후에 가볍게 집어 먹기 알맞은 것도 있죠. 아마도 외국인들은 스웨덴 빵이라 하면 가장 먼저 바삭바삭한 크리습브레드를 떠올릴 거예요. 스웨덴어로 '크네케브뢰드knäckebröd'라 불리는 크리습브레드는 기원전 500년경부터 주식으로 먹기 시작했다고 합니다. 손으로 쪼개어 먹는 크고 둥근 형태에서부터 손바닥만 한 직사각형에 이르기까지 다양하죠. 이 빵을 완벽하게 굽는 기술을 익히기까지는 오랜 시간과 연습이 필요합니다. 심지어 스웨덴의 어떤 제빵사들은 오로지 자신만의 색깔을 담은 크네케브뢰드를 만들기 위해 평생을 바치기도 합니다.

하지만 크네케브뢰드는 스뫼르고스를 만들어 먹을 수 있는 여러 종류의 빵 중에 하나일 뿐입니다. 납작한 빵인 툰브뢰드tunnbröd는 돌돌 말 수 있어서 여행 다닐 때 안성맞춤이고, 스코르포르skorpor는 가볍고 바삭한 식감을 위해 두 번 구운 빵입니다. 스웨덴 사람들은 호밀빵처럼 무겁고 어두운 색을 띤 건강식 빵을 좋아하는데 여기에 캐러웨이, 아니스 같은 향신료를 가미해 풍미를 더하기도 하죠. 이 빵들은 모두 진한 커피나 차와 아주 잘 어울립니다.

완벽한 스뫼르고스를 만드는 데는 특별한 기술이 필요합니다. 상상력이 이끄는 대로 이것저것 넣어서 오픈 샌드위치를 높이 쌓아 올리기를 두려워하지 않는 용기와 맛이 어울리는 재료를 조합할 수 있는 경험, 날카로운 미각 같은 것 말이죠. 빵은 어떤 종류를 사용하든 다른 재료를 쌓아올리기 위한 기초의 역할을 할 뿐입니다.

거뜬한 한 끼 식사로 스뫼르고스만 있는 것은 아닙니다. 스웨덴 사람들은 팬케이크도 즐겨 먹습니다. 크레페와 비슷한 얇게 부친 스웨덴식 팬케이크는 점심으로 먹기도 하고 저녁 식사 때 수프 다음에 먹기도 합니다. 팬케이크는 가정에 아직 오븐 시설은 없고 불 위에 무쇠 팬을 올려서 쓰던 시절에 생겨났습니다. 스웨덴에서 즐겨 먹는 플레타르plättar도 팬케이크와 같은 반죽으로 만들지만 작은 팬케이크 일곱 개를 한꺼번에 구울 수 있도록 고안된 팬에 구워 먹는다는 점이 다릅니다. 샌드위치든 팬케이크든, 둥근 스웨덴식 스콘이 됐든 스웨덴에서는 피카로 식사를 대신하곤 합니다.

스뫼르고스 만드는 방법

스뫼르고스를 만드는 정석이란 없습니다. 그저 자신의 창의성에 의지해서 만들 뿐이죠. 빵 위에 치즈 한 조각을 깔고 그 위에 저민 오이, 피망 혹은 사과 같은 달콤한 과일을 올립니다. 버터를 듬뿍 바른 호밀빵에 상추 한 잎을 깐 뒤 살라미 한 조각을 얹어도 좋고요. 아주 간단하죠. 다만 호밀빵이나 크리스프브레드 크래커 등등 뭐든 훌륭한 빵을 기본으로 쓰는 게 가장 중요합니다. 이제 전통적인 스뫼르고스의 종류를 알아보기로 해요.

미트볼 마카 호밀빵에 크림처럼 부드럽게 만든 비트

샐러드를 얹고 그 위에 미트볼을 반으로 잘라 올립니다.

스코르파에 버터를 바르고 그 위에 스위스 치즈나 노르웨이의 얄스베르그 치즈 같은 반 경성 치즈와 마멀레이드를 얹어 먹습니다.

툰브뢰드에 간으로 만든 파테 스프레드를 바르고 달콤하고 아삭한 오이 피클을 얹어서 돌돌 말아 도시락으로 활용합니다.

레크마카 새우 샌드위치로 토스트 위에 상추, 저민 삶은 달걀, 마요네즈, 새우, 딜을 켜켜이 올립니다.

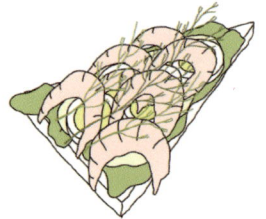

실마카 무거운 호밀빵 위에 정어리 절임과 사워크림, 적양파, 차이브를 올려 만듭니다.

그라블락스 무거운 빵이나 흰 빵, 혹은 크네커브레드에 훈제 연어를 돌돌 말아 얹은 다음 머스타드 소스를 뿌리고 딜로 장식합니다.

파테는 고기나 간을 주재료로 해서 빵에 발라먹기 좋은 부드러운 상태로 만든 것입니다(옮긴이).

Recipes

멜란몰을 준비할 때 기본이 되는 풍미 가득한 스콘에서부터 간단한 크리습브레드 크래커에 이르는 다양한 빵 레시피를 모아보았어요. 이제 집에서 스뫼르고스를 만들고 즐기는 일만 남았군요.

툰브뢰드 · 스웨덴식 플랫브레드 · 140

스벤스카 스콘 · 스웨덴식 스콘 · 142

판카코르 · 스웨덴식 팬케이크 · 144

쿰민스코르포르 · 캐러웨이 크리습브레드 · 146

로스타드 로그불라르 · 호밀빵 토스트 · 148

아니스 오크 하셀뇌츠 비스코티 · 아니스와 헤이즐넛 비스코티 · 150

피콘마르멜라드 · 무화과 잼 · 152

로그브뢰드 · 호밀빵 · 154

크네케쿡스 · 크리습브레드 크래커 · 158

tunnbröd

스웨덴식 플랫브레드

툰브뢰드

18~20개 분량

툰브뢰드는 스웨덴의 토르티야라고 할 수 있어요. 이 빵은 속재료로 무엇이든 넣고 말아서 먹으면 돼요. 가볍고 말기 쉬워서 도시락용 샌드위치 빵으로 인기가 많죠. 좋아하는 재료를 빵 위에 올리고 빵을 돌돌 만 다음 알루미늄 호일로 포장하면 완성이에요. 스웨덴 사람들은 소풍갈 때 툰브뢰드에 파테 스프레드를 바르고 달콤하고 아삭한 오이 피클을 얹은 롤 샌드위치 도시락을 만들곤 합니다. 이 빵을 반죽할 때는 보통 밀대가 아닌 크루스카벨(16쪽)을 사용합니다. 이 특별한 밀대는 표면이 울퉁불퉁해서 전통적인 툰브뢰드의 질감을 만드는 데 효과적이에요. 툰브뢰드의 또 하나의 특징은 프라이팬에 기름을 넣지 않고 굽는다는 점이에요. 구워서 곧바로 먹거나 피카를 할 때 싸가지고 가도 좋아요.

- 냄비에 버터를 넣어 녹인 다음 우유를 붓는다. 만지면 따뜻한 정도(약 43도)로 데운다.
- 큰 볼에 밀가루, 이스트, 설탕, 아니스 씨앗, 소금을 넣은 다음 버터와 우유 혼합물을 부어 섞는다. 반죽을 작업대 위에 올려놓고 부드럽고 탄력이 생길 때까지 손으로 치댄다. 볼에 반죽을 넣고 랩으로 덮어서 1시간 정도 발효시킨다.

재료

무염 버터 3큰술(43g)
우유 1 1/2컵(360ml)
인스턴트 드라이 이스트 2작은술
밀가루 3컵(426g)
호밀가루 3/4컵(90g)

설탕 1큰술
으깬 아니스 씨앗 1큰술
소금 1/2작은술

- 반죽을 18~20개로 나눈다(프라이팬의 크기에 따라 조절한다). 작업대 위에 밀가루를 뿌리고 각각의 반죽을 매끄러운 공 모양으로 만든다. 밀대를 이용해 약 0.5센티미터 두께로 납작하게 민다. 납작해진 반죽 사이사이에 밀가루를 뿌리고 켜켜이 쌓아놓는다.

- 굽기 전에 크루스카벨로 한 번 더 밀거나 포크로 찔러서 무늬를 만든다. 이렇게 하면 굽는 동안 빵이 납작하게 유지된다. 이 과정을 생략하고 싶다면 굽는 동안 공기 방울이 올라올 때마다 이쑤시개로 찔러 공기를 빼준다.

- 뜨겁게 달군 팬에 반죽을 올려 앞뒤로 각각 약 1분간 굽는다. 2개의 팬을 동시에 사용해서 구우면 속도를 낼 수 있다. 무쇠 팬을 이렇게 사용하면 건조해지므로 다 굽고 나서 팬에 반드시 기름을 발라주어야 한다.

- 면보에 빵을 쌓아올린 뒤 감싸서 열기가 유지되도록 한다. 따뜻할 때 낸다. 남은 빵은 밀폐 용기나 지퍼락 봉투에 넣어 냉동한다.

- 반죽이 남았다면 랩을 씌워 냉장고에 넣어두었다가 다음 날 밀대로 밀어 사용한다.

svenska scones

스웨덴식 스콘

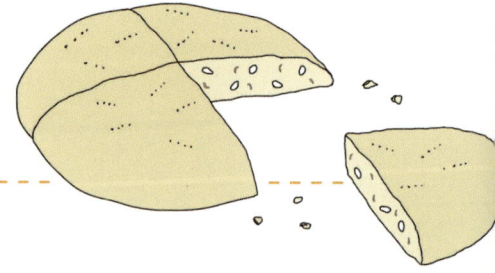

스벤스카 스콘
큰 것 2개 분량, 4인분

스콘이라 하면 보통 전형적인 영국식 스콘이 떠오를 거예요. 이 스콘은 영국식 스콘에 비해 소다 브레드에 좀 더 가까워요. 굽기도 쉽고 금방 만들 수 있기 때문에 아침에 커피 한 잔과 먹을 간단한 것을 원할 때 활용할 수 있는 훌륭한 레시피예요. 보통 캐러웨이를 넣지만 여기서는 해바라기 씨앗을 사용해서 색다른 맛을 내 보았습니다. 버터와 무화과 잼(152쪽) 혹은 여왕의 잼(97쪽)을 곁들이면 좋아요. 진짜 스웨덴식으로 먹고 싶다면 스콘에 치즈 한 조각을 올린 다음 잼을 척 발라보세요.

- 오븐을 250도로 예열한다. 오븐 팬에 유산지나 실리콘 베이킹 매트를 깐다.
- 캐러웨이 씨앗과 해바라기 씨앗을 프라이팬에 넣고 중간 불에서 굽는다. 색깔이 갈색으로 변하고 고소한 향이 나기 시작하면 불을 끄고 바로 볼에 옮겨 몇 분간 식힌다.
- 밀가루, 베이킹파우더, 소금을 함께 체에 거른다. 여기에 잘게 자른 버터를 넣고 손가락 끝으로 거친 덩어리가 될 때까지 반죽한다. 구운 씨앗을 넣어 섞고 우유를 부어 재빨리 반죽을 만든다. 반죽은 조금 끈적한 상태가 될 것이다. 너무 많이 치대지 않도록 주의한다.

재료

통 캐러웨이 씨앗 1작은술
해바라기 씨앗 3큰술
밀가루 2 3/4컵(390g)
베이킹파우더 1 1/2작은술
소금 1작은술
무염 버터 5큰술(71g)
우유 1컵(240ml)

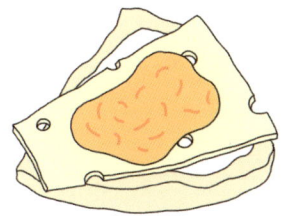

- 반죽을 균등하게 2등분해 지름 15센티미터 크기의 둥근 형태로 모양을 잡는다. 반죽을 5센티미터 간격으로 오븐 팬에 올린다. 칼을 사용해 반죽 중앙에 십자로 금을 긋고 윗부분을 포크로 찔러서 무늬를 만든다. 가벼운 황갈색이 될 때까지 20~25분가량 굽는다. 오븐에서 꺼내 약간 식힌 다음 금을 따라 4등분으로 자른다. 따뜻할 때 낸다.

pannkakor

스웨덴식 팬케이크

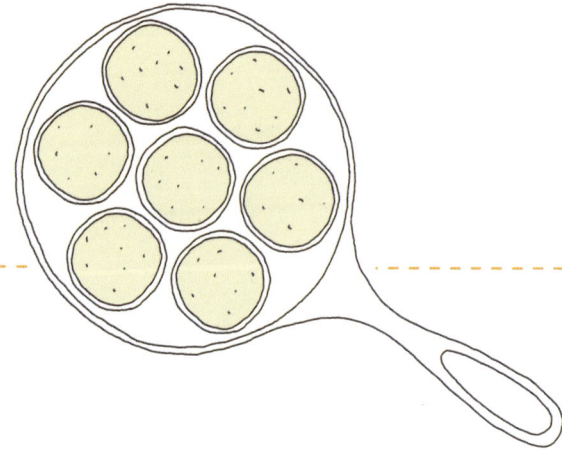

판카코르

16~20개 분량, 4인분

프랑스의 크레페와 비슷한 스웨덴식 팬케이크인 판카코르는 스웨덴에서 보통 점심 식사로 먹는 음식이에요. 크레페와 마찬가지로 얇아서 찢어지기 쉬운데, 얇게 부친 다음 잼을 바르고 설탕을 솔솔 뿌려서 말아 먹지요. 엄청나게 배고프지 않다면 4개 이상 먹기는 힘들 거예요. 다 먹지 못하고 남은 것은 소풍 갈 때 간식으로 가져가도 좋아요. 생크림을 곁들이면 더욱 맛있답니다.

- 작은 냄비에 버터를 넣어 녹이고 한쪽에 두어 식힌다.
- 달걀과 우유 1/2 분량을 볼에 넣어 저은 후 밀가루와 소금을 넣고 잘 섞어준다. 여기에 남은 우유와 녹은 버터를 넣고 섞는다. 반죽은 부드럽고 흐르는 상태가 된다.
- 뜨겁게 달군 팬에 굽는 것이 좋다. 무쇠 프라이팬이나 논스틱 팬을 중간 불에서 센 불 사이에 올려놓고 충분히 가열한다. 버터 1~2작은술을 넣고 녹으면 반죽 30~80밀리리터 정도를 붓는다. 원하는 팬케이크의 크기와 팬의 크기에 따라 반죽의 양을 조절한다. 스웨덴식 팬케이크는 거의 크레페처럼 얇다는 사실을 유념하고 반죽이 팬 위에 고루 퍼지도록 한다. 프라이팬을 약간

팬케이크
무염 버터 3큰술(43g)과 부침용으로 약간 더
달걀 3개
우유 2 1/2컵(600ml)
밀가루 1컵(142g)
소금 1/2작은술

토핑
잼

기울여서 표면 전체를 반죽으로 다 덮어도 된다. 반죽이 굳고 가장자리가 올라올 때까지 양면을 몇 분간 가열한다. 팬케이크를 들쳐보아 연한 황갈색으로 변했으면 뒤집어도 좋다.

- 뜨거울 때 곧바로 잼을 곁들이거나 설탕을 뿌려서 낸다.
- 남은 것은 밀폐 용기에 넣어 냉장 보관한다.

kumminskorpor

캐러웨이 크리습브레드

쿰민스코르포르
40개 분량

스코르포르는 스웨덴 사람들이 흔히 집에서 만들어 먹는 빵입니다. 이것은 기본적으로 빵을 자른 다음 바삭하게 마를 때까지 다시 굽는 것이기 때문에 일반적인 빵보다 훨씬 오랫동안 보관이 가능해요. 이 레시피에서는 빵을 구운 다음 잘라서 만들어요. 스코르포르는 두 번 굽기 때문에 바삭바삭하고 가볍죠. 보통 달콤하거나 향신료 맛이 풍부하면서도 짭짤하게 만드는데 이 레시피에서는 캐러웨이를 약간 추가해서 진정한 스웨덴의 맛을 느낄 수 있게 해보았어요. 먹을 때 버터를 듬뿍 발라보세요.

- 냄비에 버터를 넣어 녹인 다음 우유를 부어 데운다. 만졌을 때 따뜻할 정도(약 43도)로 한다.
- 큰 볼에 밀가루, 이스트, 베이킹파우더, 설탕, 캐러웨이 씨앗, 소금을 넣고 섞는다. 버터와 우유 혼합물을 넣어 반죽을 만든다.
- 반죽을 작업대 위에 올려놓고 부드럽고 탄력이 생길 때까지 3~5분 정도 치댄다. 반죽은 촉촉해야 하지만 손가락이나 작업대 위에 너무 많이 붙으면 밀가루를 약간씩 뿌리면서 작업한다. 반죽을 날카로운 칼로 잘랐을 때

재료
무염 버터 5큰술(71g)
우유 1컵(240ml)
인스턴트 드라이 이스트 2작은술
밀가루 3컵(426g)
설탕 1/4컵(50g)
으깬 캐러웨이 씨앗 2작은술
베이킹파우더 1작은술
소금 1/4작은술

단면에 공기 방울이 전반적으로 보이면 완성된 것이다. 반죽을 볼에 넣고 랩을 씌워 1시간 정도 발효시킨다.

- 오븐 팬에 유산지나 실리콘 매트를 깐다. 반죽을 2등분해 각각을 길이 30센티미터, 두께 4센티미터 정도의 길쭉한 모양으로 만든다. 팬 위에 올려서 면보나 랩을 덮은 다음 따뜻하고 바람이 없는 곳에서 약 45분간 발효시킨다.
- 발효되는 동안 오븐을 230도로 예열한다.
- 반죽을 오븐에 넣어 황갈색이 될 때까지 10~15분간 굽는다. 오븐에서 팬을 꺼내 식힌다. 이때 오븐은 켠 상태로 둔다.
- 완성된 빵은 빵 칼을 이용해 균일한 크기로 20등분한다. 팬 위에 간격 없이 깔아준 다음에 오븐에 넣고 230도에서 먹음직스러운 황갈색이 될 때까지 약 5분간 굽는다. 팬 2개를 동시에 오븐에 넣어 구우면 속도가 나지만 아래위 온도가 다르므로 반 정도 구웠을 때 아래위 팬의 위치를 바꿔준다. 온도를 95도로 낮추고 20~30분가량 빵을 건조시킨다. 오븐을 끈 후 빵은 4~5분간 오븐 안에 그대로 두어 더 가볍고 바삭바삭하게 만든다.
- 밤에 빵을 굽는 경우에는 자른 빵을 밤새 오븐 안에 두었다가 아침에 꺼내 밀폐 용기에 담아도 된다.

rostade rågbullar

호밀빵 토스트

로스타드 로그불라르

24~32개 분량

전통적인 스코르포르는 빵이 마를 때까지 굽지만 로그불라르는 빵의 안쪽은 약간 쫄깃하게, 바깥쪽은 바삭하게 만드는 게 핵심이에요. 이 레시피를 알려주신 애너의 할머니는 비상용 호밀빵 토스트를 냉동실에 항상 보관해두셨어요. 이 빵에는 호밀가루가 들어가서 영양가가 높고 식감도 좋아서 피카나 아침 식사에 잘 어울립니다. 금방 해동되기 때문에 냉동실에서 꺼낸 다음 버터를 바르고 치즈와 저민 사과를 올려 먹거나 잼 약간과 커피 한 잔을 곁들이면 맛있는 아침 식사가 돼죠.

- 냄비에 버터를 녹이고 우유를 붓는다. 만졌을 때 따뜻할 정도(약 43도)로 데운다.

- 큰 볼에 밀가루, 호밀가루, 이스트, 설탕, 소금을 넣어 섞은 다음 버터와 우유 혼합물을 넣는다. 손이나 나무 주걱을 사용해 반죽을 치대서 매끄러운 공 모양으로 만든다. 반죽을 볼에 넣어 랩을 씌우고 1시간가량 발효시킨다.

- 오븐 팬에 유산지나 실리콘 베이킹 매트를 깐다. 작업대 위에 밀가루를 뿌리고 부드럽고 탄력이 생길 때까지 반죽을 치댄다. 반죽을 손가락으로 찔렀을 때 쑥 들어갔던 부분이 다시 본래대로 돌아오면 완성된 것이다. 반죽을

재료

무염 버터 2큰술(28g)
우유 2컵(480ml)
인스턴트 드라이 이스트 2작은술
밀가루 4컵(568ml)
호밀가루 1컵(120g)
설탕 1/4컵(50g)
소금 1작은술
푼 달걀 1개

12~16개 정도로 균등하게 나눠 공 모양으로 만든 다음 오븐 팬에 올린다. 면보나 랩을 덮어 따뜻하고 바람이 없는 곳에서 45분가량 발효시킨다.

- 반죽이 발효되는 동안 오븐을 230도로 예열한다.
- 발효가 끝난 반죽 위에 브러시로 푼 달걀을 바른다. 오븐에 넣어 황갈색이 될 때까지 8~10분간 굽는다. 오븐에서 꺼내어 식힌다. 오븐의 온도를 250도로 올려둔다.
- 빵이 충분히 식으면 빵 칼을 이용해 반으로 자른다. 자른 면이 위로 오도록 해서 오븐 팬에 올린다. 오븐에 다시 넣고 황갈색이 될 때까지 5~7분가량 굽는다.
- 뜨거울 때 바로 먹으면 된다. 다음에 먹을 것은 식힘망 위에서 충분히 식힌 다음 냉동 보관한다.

anis och hasselnöts biscotti

아니스와 헤이즐넛 비스코티

아니스 오크 하셀뇨츠 비스코티

36개 분량

비스코티는 스웨덴의 전통 과자는 아니에요. 하지만 바삭한 식감을 좋아하는 스웨덴 사람들은 비스코티를 즐겨 먹지요. 커피에 찍어 먹으면 아주 맛있어요. 북유럽 사람들이 좋아하는 아니스의 독특한 향과 고소한 헤이즐넛의 조화가 멋진 비스코티 레시피를 소개할게요.

- 오븐을 175도로 예열한다. 오븐 팬에 유산지나 실리콘 베이킹 매트를 깐다.
- 프라이팬에 헤이즐넛을 넣고 중간 불에서 색깔이 나고 튀기 시작할 때까지 굽는다. 식힌 다음 굵게 다진다.
- 버터와 설탕을 볼에 넣고 크림 상태가 될 때까지 젓는다. 달걀을 하나씩 넣고 섞어 반죽을 부드럽고 일정한 상태로 만든다.
- 별도의 볼에 밀가루와 베이킹파우더, 소금, 아니스, 헤이즐넛을 넣고 섞는다. 이것을 버터와 달걀 혼합물에 넣고 잘 섞는다. 반죽은 끈적끈적한 상태가 될 것이다.

재료

생 헤이즐넛 1컵(142g)
상온 상태의 무염 버터 1/4컵(57g)
설탕 1컵(198g)
달걀 2개
밀가루 1 2/3컵(236g)
베이킹파우더 1작은술
소금 1/4작은술
거칠게 으깬 아니스 씨앗 4작은술

- 반죽을 2등분하여 각각 길이 30센티미터, 두께 4센티미터의 긴 막대 모양으로 만든 다음 오븐 팬에 올린다.
- 속까지 완전히 익고 표면이 황갈색이 될 때까지 10~15분가량 굽는다. 오븐에서 꺼낸 후 오븐의 온도를 150도로 낮춘다.
- 10분 정도 식힌 다음 도마 위에 조심스레 올린다. 빵 칼로 18등분으로 어슷하게 썬다.
- 자른 쿠키를 오븐 팬에 넣어 15분간 굽는다. 쿠키를 뒤집어 다시 15분가량 굽는다. 만약 쿠키가 여전히 약간 부드러운 상태라면 몇 분 더 구워준다. 오븐에서 꺼내어 완전히 식힌다. 밀폐 용기에 넣어서 보관한다.

fikonmarmelad

무화과 잼

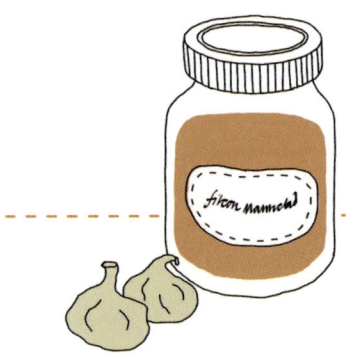

피콘마르멜라드

약 1 1/3컵(320ml) 분량

스웨덴에서는 신선한 무화과를 구하기가 어렵기 때문에 보통 말린 무화과를 사용해서 잼을 만듭니다. 신기하죠? 그런데 말린 과일로 만든 잼이 의외로 무척 진하고 맛있어요. 보통 잼은 과일과 설탕을 함께 끓여서 만들지만 무화과에 달콤한 포트와인을 넣어 졸이면 향이 근사해져서 더 특별하죠. 무화과 잼은 잼을 채운 엄지 쿠키(46쪽)나 미니 아몬드 타르트 셸(130쪽)에도 잘 어울리고 무화과 사각 쿠키(44쪽)에서는 주인공으로 활용됩니다. 크리습브레드 크래커(158쪽)나 호밀빵 토스트(148쪽)에 발라 먹어도 훌륭해요.

- 건무화과를 잘게 다져서 볼에 넣는다. 무화과가 잠길 정도로 포트와인을 부어주고 1~2시간가량 둔다. 이 과정은 무화과를 좀 더 부드러운 상태로 만들어준다.
- 냄비에 무화과와 포트와인을 부어 끓인다. 끓으면 불을 낮추고 천천히 10분가량 익힌다. 이때가 되면 무화과가 뭉개지기 시작하고 와인은 졸아들었을 것이다. 너무 뻑뻑해지면 와인을 약간 추가하거나 물을 조금 첨가한다. 좀 더 뭉근하게 졸인다.

재료
다진 건무화과 1 1/2컵(227g)
포트와인 1컵(240ml), 더 필요하면 약간 더

- 불을 끄고 식힌다. 어느 정도 식으면 푸드프로세서에 넣어서 펄스 기능으로 갈아 되직하면서도 잘 펴 바를 수 있을 정도로 부드럽게 만든다.
- 깨끗한 유리병에 넣어서 냉장 보관하면 최대 일주일간 보관할 수 있다. 바로 먹을 게 아니라면 냉동 보관한다.

포트와인은 발효 중에 브랜디를 첨가한 달콤한 디저트 와인입니다(옮긴이).

rågbröd

호밀빵

로그브뢰드

2개 분량

스웨덴의 어느 도시에 가든 베이커리가 아주 많습니다. 스웨덴 사람들은 갓 구운 빵을 즐겨 먹기 때문이죠. 하지만 모든 먹거리가 그렇듯 빵 역시 집에서 구운 것이 가장 맛있습니다. 여기서 소개할 영양 가득한 호밀빵은 어떤 스뫼르고스를 만들 때에도 훌륭한 베이스가 돼줍니다. 반죽할 때 호밀가루를 열탕하는 전통적인 방법을 사용했습니다. 이 과정을 거치면 빵이 더 풍성하게 부풀어 오르기 때문에 식감이 좋아지죠. 일반적으로 넣는 다크 시럽 대신 건자두를 활용해 적당히 달콤한 맛을 내보았어요.

- 1차 반죽을 준비한다. 먼저 볼에 호밀가루를 넣고 끓인 물을 붓는다. 큰 주걱이나 스패튤러로 섞는다. 반죽은 아주 끈적끈적할 것이다. 볼에 랩을 씌운 다음 상온에서 완전히 식힌다. 가장 좋은 결과를 내기 위해 반죽은 6~8시간이나 밤새 두는 것이 좋다.
- 2차 반죽을 준비한다. 블렌더나 푸드프로세서에 자두와 따뜻한 물 5큰술을 넣고 부드럽고 걸쭉한 상태가 될 때까지 간다.

1차 반죽
호밀가루 3컵(362g)
물 3컵(720ml)

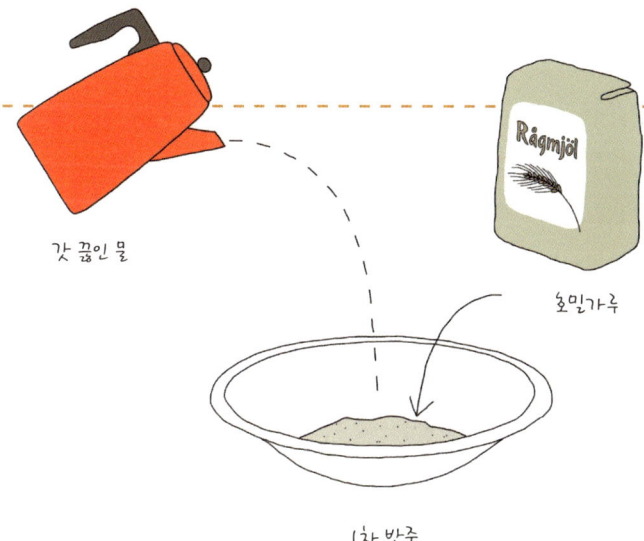

갓 끓인 물

호밀가루

1차 반죽

2차 반죽
인스턴트 드라이 이스트 4작은술
물 5큰술
건자두 8개
통 아니스 씨앗 4작은술
밀가루 3컵(426g)과 약간 더
소금 2작은술

- 아니스 씨앗을 절구에 넣어 살짝 으깬다. 큰 볼에 밀가루와 소금, 이스트, 자두, 첫 번째 반죽을 넣어 치댄다. 반죽이 상당히 무거워 작업하기가 쉽지 않을 것이다. 적당히 뭉쳐지면 반죽을 볼에서 꺼내 작업대 위에 올린다.

- 반죽을 작업대 위에서 좀 더 치댄다. 이때 밀가루는 최소한의 양만 뿌려가며 작업한다. 반죽은 약간 끈끈하고 조밀하고 무거워야 한다. 이대로 구우면 딱딱한 돌처럼 되지 않을까 싶은 생각이 들 정도지만 걱정할 필요는 없다. 반죽이 매끄러운 상태가 되면 볼에 넣고 랩을 씌워서 45분가량 발효시킨다.

- 오븐 팬에 유산지나 실리콘 매트를 깐다. 반죽을 정확히 2등분해서 각각을 대략 30센티미터로 길게 만든다. 팬 위에 놓고 1시간 정도 더 발효시킨다. 발

효가 다 되면 표면이 살짝 갈라질 것이다.

- 반죽이 발효되는 동안 오븐을 200도로 예열한다.

- 발효가 끝나면 어두운 갈색이 될 때까지 40분 정도 굽는다. 빵 아랫부분을 두드렸을 때 속이 빈 소리가 나야 한다. 오븐에서 꺼낸 빵을 식힘망 위로 옮겨서 완전히 식힌 후에 썬다.

- 빵은 종이봉투나 비닐봉투 안에 넣어서 2~3일 정도 보관 가능하다. 더 오래 두고 싶다면 통째로 혹은 자른 상태로 냉동 보관한다.

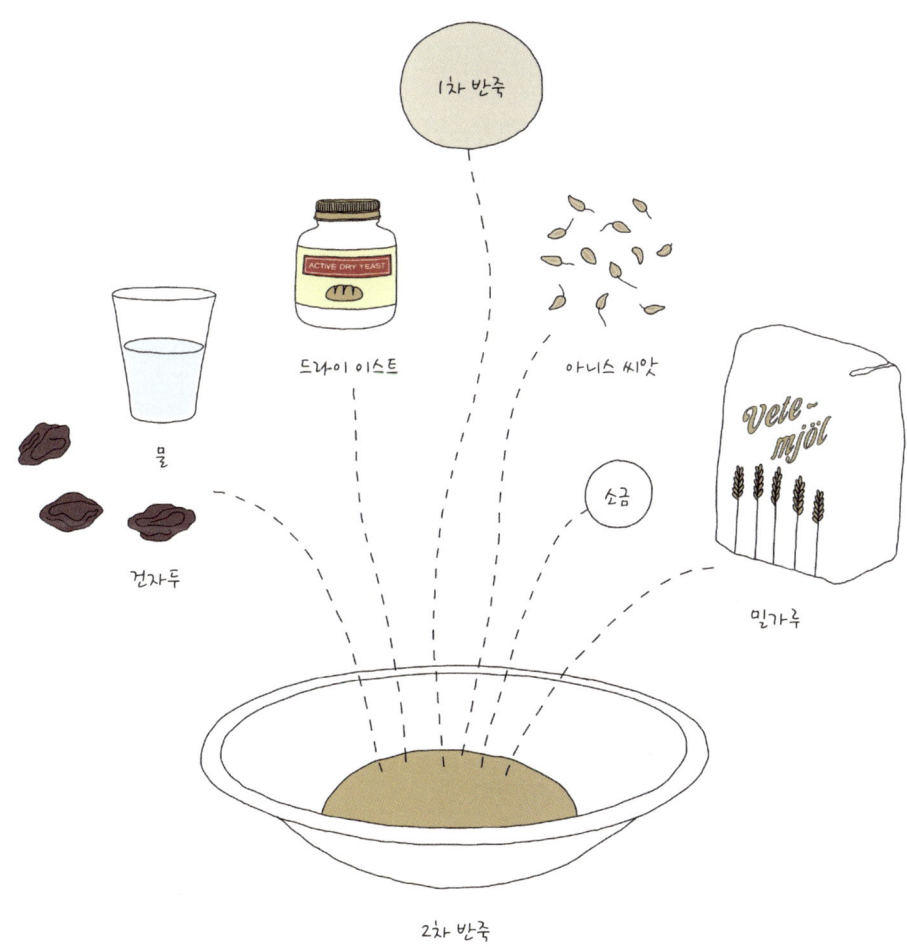

knäckekex

크리습브레드 크래커

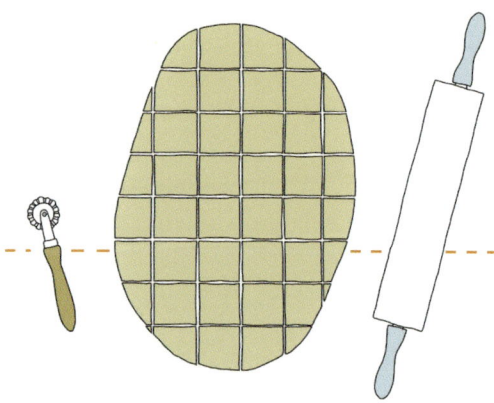

크네케켁스

100~120개 분량

스웨덴을 상징하는 음식이라고 하면 미트볼, 정어리 그리고 바로 크네케브뢰드를 꼽을 수 있어요. 크네케켁스는 크네케브뢰드의 한 종류로, 영어로는 얇고 바삭한 크래커를 의미하는 크리습브레드라고 하죠. 크네케브뢰드는 스웨덴 가정에서 식사 때마다 나오는 주식이나 마찬가지예요. 전통적인 크네케브뢰드를 구우려면 여러 과정을 거쳐야 하는데, 어디에서든 쉽게 구입할 수 있기 때문에 직접 만들어 보겠다는 모험을 시도하는 사람이 드물긴 하죠. 하지만 이 레시피는 스웨덴의 상징인 이 빵을 직접 쉽게 만들어볼 수 있도록 단순화한 것이랍니다. 캐러웨이 씨앗이 없다면 로즈마리나 아니스 씨앗을 사용해도 좋아요. 셰브르 치즈와 무화과 잼(152쪽)을 곁들이거나 스웨덴식으로 치즈에 저민 오이를 올려 먹어도 맛있고요.

- 냄비에 물을 넣고 만지면 따뜻할 정도(43도)로 데운다.
- 큰 볼에 밀가루와 이스트, 꿀, 데운 물을 넣는다. 손으로 반죽을 치대어 공 모양으로 만든다.
- 밀가루를 뿌린 작업대 위에서 반죽을 약 2분간 치댄다. 약간 끈적끈적한 상태의 반죽이 될 것이다. 반죽을 볼에 넣고 덮어서 바람이 없는 상온에서 최소

재료

물 1컵(240ml)
인스턴트 드라이 이스트 1작은술
꿀 2작은술
호밀가루 1컵(120g)
밀가루 1 3/4컵(248g)과 약간 더
구워서 으깬 캐러웨이 씨앗 1큰술
천일염 꽃소금 2작은술

6시간 이상 발효시킨다. 냉장고에 넣은 상태로 밤새 발효시켜도 된다. 굽기 1시간 전에 반죽을 냉장고에서 꺼낸다.

- 구울 준비가 되면 오븐을 200도로 예열한다. 오븐 팬에 올리브 오일을 바른다. 반죽에 캐러웨이 씨앗과 소금을 넣고 밀가루를 뿌린 작업대 위에서 약 2분간 치댄다. 반죽은 부드럽고 표면은 끈적거리지 않을 정도가 될 것이다.

- 반죽을 균등하게 8등분하여 공처럼 만든다. 공 모양의 반죽을 밀대로 아주 얇게 민다(캐러웨이 씨앗 정도의 두께로). 반죽이 작업대에 달라붙지 않도록 밀가루를 뿌리고 반죽을 앞뒤로 뒤집어가면서 얇아질 때까지 계속 민다.

- 페이스트리 커터나 날카로운 칼을 이용해 반죽을 8×8센티미터의 정사각형으로 자른다. 자른 다음 살짝 한 번 더 밀어준다. 오븐 팬에 가능한 한 많이 올린다.

- 5~8분가량 황갈색으로 바삭하게 될 때까지 굽는다. 여전히 부드럽다면 좀 더 굽는다. 쉽게 타기 때문에 주의가 필요하다. 오븐에서 꺼내어 몇 분간 두었다가 식힘망 위에 올린다.

- 완전히 식으면 밀폐 용기에 넣어 보관한다.

애너 브론스는 스웨덴계 미국인으로 요리 전문 웹진 <푸디 언더그라운드>의 편집자로 활동하면서 BBC, 가디언, 스프라지 등의 주요 매체에 글을 기고하고 있다. 소박하고 단순한 삶에 대한 그녀의 지대한 관심은 첫 책 『피카fika』를 포함해서 자전거와 함께하는 일상을 담은 책 『안녕, 자전거 Hello Bicycle』, 『요리하는 사이클리스트 The Culinary Cyclist』로 결실을 맺었다. 직접 장을 보고, 집에서 만들어 먹고, 자전거를 타고 다니면서 일상을 경험하는 것을 삶의 지침이자 힘으로 여기는 그녀에게 최고의 순간은 자전거를 타고 들로 나가 가까운 사람들과 야외에서 피카를 즐길 때이다.

요한나 킨드발은 스웨덴 출신의 일러스트레이터로, 1년의 반은 브루클린에서, 나머지 반은 스웨덴 남서부에서 지낸다. 그녀는 자신의 블로그인 '코크블로그 kokblog'에 개성적인 일러스트를 가미한 스웨덴 레시피를 주기적으로 소개하고 있다. 이 블로그는 세계적으로 유명한 요리 사이트 '사베르 Saveur'가 선정한 50대 요리 블로그에 꼽혔다. 그녀의 따뜻하고 빈티지한 일러스트는 이케아와의 협업을 비롯해 다양한 책과 잡지를 통해 널리 사랑받고 있다.

안소영은 대학원에서 미술사학을 전공하고 피터 브뢰헐 연구로 석사 학위를 받았다. 피터 브뢰헐의 작품을 연구하게 된 동기는 순전히 그림에 나타난 네덜란드의 음식 문화에 대한 관심 때문이었다. 한때 요리사로 진지하게 일할 만큼 베이킹과 요리에 특별한 관심과 열정을 가져왔다. 달콤한 과자와 케이크를 구워 사람들과 함께 나눌 때마다 큰 즐거움을 느낀다. 『피카』를 우리말로 옮기면서 몇 번이나 당장 반죽을 만들어 굽고 싶은 충동을 꾹 눌러야 했다.

스웨덴식 킨포크 테이블
좋은 음식이 주는
단순함의 즐거움, 피카
fika

초판 1쇄 2017년 1월 5일

지은이 애너 브론스, 요한나 킨드발 **기획** 안소영 **옮긴이** 안소영 **펴낸이** 이재현, 조소정 **펴낸곳** 위고
등록 2012년 10월 29일 제406-2012-000115호
주소 10882 경기도 파주시 산남로 157번길 203-36 **전화** 031-946-9276 **팩스** 031-946-9277
◇ 마케팅에 도움 주신 분 이여빈

ISBN 979-11-86602-17-1 13590

hugo@hugobooks.co.kr | hugobooks.co.kr

이 도서의 국립중앙도서관 출판예정도서목록(CIP)은 서지정보유통지원시스템 홈페이지(http://seoji.nl.go.kr)와
국가자료공동목록시스템(http://www.nl.go.kr/kolisnet)에서 이용하실 수 있습니다.(CIP제어번호: CIP2016024622)